JN123012

Q&A 保育所・幼稚園のための法律相談所 改訂

現場からの60の相談に、
顧問弁護士がわかりやすく答えました

松田綜合法律事務所
弁護士 岩月 泰頼
弁護士 菅原 清暁
［編著］

日本加除出版株式会社

改訂版刊行にあたって

初版を刊行した2018年（平成30年）以降，保育事業を取り巻く環境には様々な変化がありました。

2020年４月１日には，あらゆる取引・契約にかかわる民法が大幅に改正されました。保育事業では園児や保護者にかかわる多くの個人情報を取り扱いますが，個人情報を取り扱うルールを定めている個人情報保護法も，本年に至るまで幾度となく改正が繰り返されています。

また，2020年には，中国・武漢市で報告された原因不明の肺炎「COVID-19（新型コロナウイルス感染症）」が世界中に拡散し，これに伴い，保育事業も含めて，社会の在り方は大きく変わり，保育事業が講じておくべき新たな課題も顕在化しました。

さらに，最近では，2023年４月１日に従来内閣府や厚生労働省が担っていた事務の一元化を目的に設立された内閣府の外局としてこども家庭庁が発足し，こどもを取り巻く行政にも大きな変化がありました。

このような変化を踏まえて，本書では，関係法令の改正に関して加筆修正を行うとともに，感染症対応にかかわる事項など，保育事業者が押さえておくべき新たなテーマについても加筆をしました。

本書が，初版にもまして，引き続き保育事業に携わる多くのお役に立てれば幸いです。また，改訂版が多くの皆様のご教示とご支援に支えられて発刊できたことを心より感謝申し上げます。

2023年７月

松田綜合法律事務所
弁護士　菅　原　　清　暁

初版刊行によせて

平成27年４月から「子ども・子育て支援新制度」が社会全体で子どもの育ち，子育てを支えることを目的にスタートしました。社会問題化した待機児童の解消に向け，国や地方自治体によって，加速度的に保育の拡大が図られつつあります。今まさに，保育・幼稚園業界が社会的に大きな関心を集めるようにもなりました。

大切な子どもたちを預かる保育園，幼稚園そして子ども園などの各施設では，子どもたちの健やかな成長のために，日々，職員の方々が奮闘しています。子どもたちを預かる施設では，毎日のように法律問題が起きています。例えば，園内事故，保育・教育サービスに関わる問題，利用契約の問題，近隣問題，保護者とのトラブル，行政とのトラブル，個人情報の問題，職員の労務問題など枚挙に暇がないほどです。まさに毎時，毎分，毎秒と緊急の連続です。

松田綜合法律事務所では，子ども・子育て支援新制度の開始以前から，保育・幼稚園業界に向けた法務サービスの必要性を感じていましたので，この制度の開始当初から，法的サービスを提供するようになりました。そこで，実感することは，社会情勢の変化や施設数の増加に伴い，ご依頼いただく法律問題も増加し，また内容も複雑化しつつあって，対応も大変難しくなっていることです。

他方，これまで，保育園・幼稚園業界では，日々発生する法律問題が大きく取り扱われることも少なく，こういった法律問題を題材とした書籍もほとんど刊行されてきませんでした。判例集に登載されている保育園・幼稚園での事案も多くないことからも，多くの場合，現場で問題発生の度ごとに難しい判断を迫られつつ何とか処理されてきたのではないかと思います。

本書は，このような現状に鑑み，日々の現場で発生し職員の方々を悩ませている法律問題について，我々がいわば顧問弁護士となって，事例を基に分かりやすく説明をし，少しでも職員の方々の負担を減らすことを目的に書いたものです。

松田綜合法律事務所で実際に扱ったことのある法律問題や判例などを題材とし，保育園，幼稚園そして子ども園で日常的に起きうる法律問題を類型的に分類した上，事例ごとに，判例やガイドラインを引きつつ，わかりやすく実務的な対応を説明しました。

本書が保育園，幼稚園そして子ども園などの施設で日々発生している法律問題の解決に少しでもお役に立つのであれば，望外の幸せです。

最後に，本書の編集，製作にご協力いただいた日本加除出版株式会社の朝比奈耕平氏，岩尾奈津子氏に深く謝意を表する次第です。

平成30年３月

松田綜合法律事務所
所長　松　田　　純　一

目　次

第3章　園内事故の現状と類型

第4章　業務運営において注意すべき点

第5章　人事労務

本書での判例の表し方

◇裁判所の略称

最高裁…最高裁判所

高裁……高等裁判所

地裁……地方裁判所

◇判例集・判例雑誌の略称

民集……最高裁判所民事判例集

判時……判例時報

判タ……判例タイムズ

労判……労働判例

労経速…労働経済判例速報

序章

保育施設・事業の概要

保育施設・事業の概要

1　はじめに

現在，未就学児を預かる施設・事業の種類は，近年の法改正により，複雑多岐にわたっており，全体像の把握が難しい状況になっています。そこで，まず未就学児を預かる主だった施設・事業の整理をしましたので，参考にしてください。

2　主要3類型

まず，大きな区分として，保育所・幼稚園・認定こども園が存在していることから，この3種類の施設について，その一般的な内容を比較して整理すると，次頁の表になります。

3種類の施設のうち，保育所と認定こども園については，さらにさまざまな種類の施設・事業が創設されています。

なお，以前は，保育所は厚生労働省が管轄し，認定こども園は内閣府の管轄でしたが，こども家庭庁の設置に伴い，こども家庭庁設置施行日（令和5年4月1日）以降は，同庁が所管することとなりました。

	保育所	幼稚園	認定こども園
所管	こども家庭庁	文部科学省	こども家庭庁
根拠法令	児童福祉法	学校教育法	就学前の子どもに関する教育，保育等の総合的な提供の推進に関する法律
法的性格	児童福祉施設	学校	（類型による）
目的	日々保護者の委託を受けて，保育を必要とするその乳児・幼児を保育すること（児童福祉法39条）	幼児を保育し，適当な環境を与えて，その心身の発達を助長すること（学校教育法22条）	小学校就学前の子どもに対する教育及び保育並びに保護者に対する子育て支援を総合的に提供（認定こども園法１条）
対象	保育を必要とする乳児・幼児・児童（一般的には0歳～5歳の乳児，幼児が対象）	満３歳から小学校就学の始期に達するまでの幼児（学校教育法26条）	保育を必要とする子どもも必要としない子どもも受け入れ，教育・保育を一体的に行う。
教育・保育内容の基準	保育所保育指針	幼稚園教育要領	保育所保育指針 幼稚園教育要領

3　認定こども園

認定こども園には，４種類の認定こども園が認められており，その概略は以下のとおりです。

・**幼保連携型認定こども園**

幼稚園的機能と保育所的機能の両方の機能をあわせ持つ単一の施設として，認定こども園としての機能を果たすタイプ

・**幼稚園型認定こども園**

認可幼稚園が，保育が必要な子どものための保育時間を確保するなど，保育所的な機能を備えることで，認定こども園としての機能を果たすタイプ

・**保育所型認定こども園**

認可保育所が，保育が必要な子ども以外の子どもも受け入れるなど，幼稚園的な機能を備えることで，認定こども園としての機能を果たすタイプ

・**地方裁量型認定こども園**

幼稚園・保育所いずれの認可もない地域の教育・保育施設が，認定こども園として必要な機能を果たすタイプ

	幼保連携型	幼稚園型	保育所型	地方裁量型
法的性格	学校かつ児童福祉施設	学校（幼稚園+保育所機能）	児童福祉施設（保育所+幼稚園機能）	幼稚園機能+保育所機能
設置主体	国，自治体，学校法人，社会福祉法人	国，自治体，学校法人	制限なし	

4　保育施設・事業

保育施設は，大きく分けて，国が定めた認可基準に従って都道府県知事の認可等を受けて設置した「認可保育所」（児童福祉法35条3項，同条4項）と認可を受けずに運営する「認可外保育所」があります。

また，平成27年度にスタートした子ども・子育て支援新制度に伴い，市町村による認可事業としての「地域型保育事業」（子ども・子育て支援法7条5項）が始まりました。地域型保育事業には，(1)家庭的保育事業（児童福祉法6条の3第9項），(2)小規模保育事業（同条10項），(3)事業所内保育事業（同条12項），(4)居宅訪問型保育事業（同条11項）の4類型があります。

上記の「認可保育所」及び「地域型保育事業」を「認可保育所等」と分類

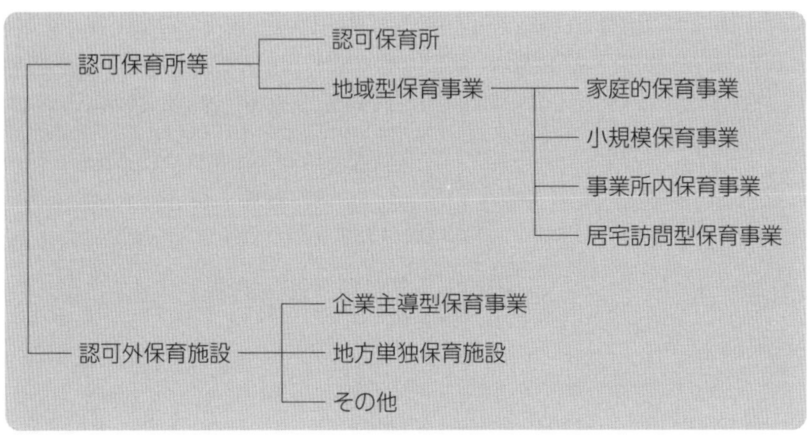

保育施設の分類

した場合，「認可外保育施設」とは，「認可保育所等」以外の子どもを預かる施設の総称をいいます。

認可外保育施設にもさまざまな種類がありますが，企業主導による事業所内保育事業に助成金補助を行う「企業主導型保育事業」や都道府県又は市区町村が設定した基準を満たすことを条件として補助を行う等する「地方単独保育施設」などがあります。

地域型保育事業の特徴は，以下のとおりです。

	小規模保育事業	家庭的保育事業	事業所内保育事業	居宅訪問型保育事業
事業主体	市町村，民間事業者等	市町村，民間事業者等	事業主等	市町村，民間事業者等
保育場所等	保育者の居宅，その他の場所・施設	保育者の居宅，その他の場所・施設	事業所の従業員の子ども+地域の保育を必要とする子ども	保育を必要とする子どもの居宅
認可定員	6～19人	1～5人	数人～数十人	1対1が基本

子どもを預かる事業は，以上がすべてではなく，一時預かり事業（児童福祉法6条の3第7項），病児保育事業（同条13項），子育て援助活動支援事業（ファミリー・サポート・センター事業）（同条14項）などさまざまな事業が用意されています。

本書のＱ＆Ａと解説は保育所を想定したものとなっていますが，起こり得る法的問題は幼稚園・認定こども園にも共通します。読者の方の状況に合わせて，適宜お読み替えください。

第 1 章

保育園・幼稚園の開設で注意すべき点

賃貸借契約書締結の注意点

新たに保育園を開園するために，保育所設置基準に適した候補物件（建物）を見つけました。これから建物のオーナーと賃貸借契約を締結するのですが，留意しなければならないことはありますか。

Point

・建物増改築に関する貸主の承諾
・用途変更に関する取決め
・館内利用規則の適用除外に関する合意
・運営委託を予定している場合には，借主ではない第三者が運営者として利用することに関する取決め
・原状回復に関する取決め

回　答

保育園を賃貸建物で開園する場合，事業や居住の用に供する場合と使用状況が大きく異なるため，関係法令に従った建物改築（内装変更，二方向避難口の確保，調理室の設置など），用途変更，保育運営に適した環境整備を行う必要があります。

このため，賃貸借契約締結前に，次の点について，貸主と十分に協議し，取決めをしておく必要があります。なお，取決めの方法としては，賃貸借契約書とは別に，合意書を締結しておくのが有用です。

1　建物改築に関する貸主の承諾

賃貸借契約書に記載されているか否かにかかわらず，借主が建物を増改築するときは，貸主の承諾が必要です。

無断増改築と認められた場合には，契約違反（善良な管理者の注意義務違反

（民法400条））を理由に賃貸借契約が解除されるおそれがあります。これは，各地方自治体が定める「児童福祉施設の設備及び運営に関する基準に関する条例」（以下「基準条例」といいます。）や「高齢者，障害者等が円滑に利用できる建築物の整備に関する条例」（以下「バリアフリー条例」といいます。）に基づく増改築であっても異なりません。

このため，増改築後の平面図を貸主に提示し，当該増改築に対して書面による承諾（賃貸借契約に別の定めがある場合には，その定めに従った方法によります。）を得ておく必要があります。

2　用途変更に関する取決め

既存の建物に新たに保育園を設置する場合，建物の使用用途は「保育所」になっていません。このため，面積が200㎡を超える場合には，建築基準法で定められた用途を変更するための確認申請が必要となります。この確認申請手続は，建物の所有者である貸主名義で行う必要があり，貸主の協力が不可欠となります。

そこで，後日，貸主の協力を得られなくなるような事態を回避するため，貸主との間で早い段階から用途変更の確認申請に関して（用途変更手続の委託，費用負担，用途の回復など）合意しておく必要があります。

3　建物使用に関する取決め

候補物件が事業所用の建物の場合，事業の用途に供されることを前提に，館内規則によって以下のことが禁止されている場合があります。

・貸室内に調理室を新設すること
・開館／閉館時間外の事業運営をすること
・生き物（小型の魚，昆虫などを含む。）の持込み，飼育をすること
・案内板に貸主名以外の名称を使用すること
・所定の案内板以外の看板・案内板を設置すること

しかし，これらは保育サービスの充実のために，保育園を開園するうえで重要な要素となり得ます。

そこで，事業所用建物の一部に保育園を開園するためには，館内規則を慎重に確認し，必要に応じて，貸主との間で館内規則の一部の適用を除外する旨の取決めをしておく必要があります。

4　運営委託を行う場合の取決め

賃貸借契約書に記載されているか否かにかかわらず，貸主に無断で，借主が他の者に借りている部屋を貸すこと（いわゆる又貸し）は認められません（民法612条1項）。

加えて，多くの賃貸借契約書では，借主が他の者に部屋を使用させること，他の者の名義で電話・ファクシミリ等の通信設備を引き込むこと，他の者の名称を案内板に記載することなどが禁止されています。

このため，保育園の運営を他の者に委託する場合には，事前に貸主側に説明し承諾を得るとともに，賃貸借契約書を十分に検討し，運営委託になじまない条文がある場合には，これらの規程を適用しない旨，貸主との間で合意しておく必要があります。

5　原状回復に関する取決め

保育園を開園する場合，バリアフリー条例に対応するためのスロープ等の設置，基準条例に対応するための採光及び換気用の開口部確保，二方向避難口の設置など，内装工事にとどまらず，建物の外壁に対しても大幅な変更を要します。

このため，このような改築内容について貸主の承諾を得ることはもちろんのこと，契約終了に伴う原状回復についても，どの程度まで原状を回復する必要があるのか事前に具体的に取り決めておくべきでしょう（例えば，バリアフリー条例に基づくスロープの設置は，建物にとって有用な設備であるから，原状回復の対象から除外しておくことが考えられます。）。

留意点

1　貸主との認識の齟齬が生じないように十分注意する。

貸主が保育事業に十分な知識を有しない場合，保育所開園に伴い大規模な工事を要することや，前記のとおり一般的な館内規則をそのまま適用しては保育園運営が成り立たないことを理解していないことが少なくありません。

この場合，後日，貸主から「建物を保育所として使用することは認めたが，大規模な工事や例外的な建物使用については一切認めていない」などと主張され，トラブルになることがあります。

このため，早い段階から，貸主に対して上記事情を丁寧に説明し理解を得ておくことが必要です。

2　建物改築に関する貸主の承諾を得る場合は，できる限り慎重に行う。

建物の工事について貸主の承諾を得る場合には，工事後の平面図を貸主に提出し，工事内容に認識の齟齬が生じないように十分留意する必要があります。また，貸主の承諾を得た後であっても，行政からの指導などにより仕様が変更された場合には，その都度，貸主に平面図を提出し貸主の了解を得ておくことが望まれます。

3　口頭での合意を避け，できる限り合意書を作成する。

保育園の開園にあたっては，行政機関への書類提出期限を意識するばかりに，貸主との賃貸借契約の条件確認や承諾を口頭のみで簡易に行い，手続を進めてしまうことがままあります。

しかし，貸主との間の条件交渉や増改築などに関する承諾は，保育園を開設するうえで不可欠な要素ですので，手間でも書面化しておかないと，後日，保育園の開園を断念せざるを得ない事態になりかねません。

さらに調べるには

○　児童福祉施設にかかわる建築物の条件に関する関係法令

「児童福祉法」，各地方自治体が定める「基準条例（児童福祉施設の設備及び運営の基準に関する条例）」，「高齢者，障害者等の移動等の円滑化の促進に関する法律」，「バリアフリー条例（高齢者，障害者等が円滑に利用しやすい建築物の整備に関する条例）」

○　具体的な保育所整備に関する関係法令

- 改修に伴う用途変更（建築基準法87条参照）
- 採光及び換気のための開口部の確保（建築基準法28条，同法施行令19条，基準条例）
- 移動等円滑化経路の確保（バリアフリー条例）
- 保育室を２階以上に設ける場合の条件（基準条例）

Q2 開園に反対する近隣住民への対応

新たに保育園を開設しようとしたところ，近隣マンションの住民数名から，マンションの資産価値が下がるという理由で開園に反対されています。開園に反対する近隣住民には，どのように対応すべきでしょうか。

Point

- 自治会や町内会への配慮
- 近隣分譲マンションの管理組合への配慮
- 住民説明会の開催と事前準備
- 保育施設の設計・運用の柔軟な変更
- 最後の少数反対意見者への対応

回　答

最近では，近隣住民の強い反対運動を受けて，保育園開園計画を断念せざるを得なくなることも珍しくなくなりました。

保育園を開設するために候補物件を探したり，保育士の人材を確保したりするのと同じくらい，近隣住民対策は重要なポイントです。

保育園の開園にあたっては，多くの事案で，少なからず近隣住民から反対の意見が上がるため，次のような事項に配慮して，慎重に近隣住民対策を講じておく必要があります。

1　認可保育所の募集要項記載要件への配慮

認可保育所の場合，通常，各地方自治体が定める認可保育所運営事業者募集要項に近隣住民対策に関する事項が設けられており，近隣住民への説明や理解を得ることが求められています。

そこで，住民説明会を開催し近隣住民に開園計画を丁寧に説明したり，地域からの要望に対して柔軟に計画を変更したりするなど，各地方自治体が求めるレベルに対応した近隣住民対応を行っておく必要があります。

併せて，住民説明会の様子や住民からの要望に基づき計画を変更した場合は，詳細に書面に残し，運営事業者としてできる限りの対策を行ってきた事実を，行政や近隣住民に伝えられるように準備しておくことも重要です。

2　自治会・町内会への配慮

保育園の開設において，自治会・町内会の理解を得ることは不可欠です。保育園開設を計画したときには，まず，当該保育園開設候補地の自治会・町内会の役員を訪問し，当該役員の理解を得るとともに，他の会員の理解を得るための進め方（例えば，住民説明会の告知方法や開催場所・日時など）について，丁寧に相談すべきでしょう。

なお，保育園開設予定地の近接する地域に別の自治会・町内会がある場合には，保育園開設予定地が所在する地域の自治会・町内会だけではなく，当該近接する地域の自治会・町内会にも配慮することが望まれます。

3　マンション管理組合への配慮

保育園開設予定地近隣に分譲マンションがある場合，前記２の自治会・町内会への配慮に加えて，その分譲マンションの管理組合理事会への事前説明も検討すべきでしょう。

理事会へコンタクトをとる方法としては，管理人を通してアプローチする方法や管理組合理事会あてに手紙を送る方法などが考えられます。

投資用区分所有者が多い分譲マンションの場合には，部屋の借主からのクレームを恐れた貸主が保育園開設に強く反対することも考えられます。その分譲マンションの区分所有者の状況や，立地などから想定されるその分譲マンション特有の事情などを事前にヒアリングしておくことは，住民説明会の質疑応答対策を行ううえでも非常に有用です。

4　住民説明会の開催と事前準備

認可保育所運営事業者募集要項に記載されている場合はもちろんのこと，募集要項に記載されていない場合や認可外保育所の開設を予定している場合であっても，後日，開園直前になって近隣住民とトラブルにならないように住民説明会は開催しておいたほうがよいでしょう。

ただし，説明が抽象的な場合や十分な質疑応答の時間が確保されていない場合，かえって近隣住民の不信を増大させる結果になりかねません。住民説明会を開催する場合には，必要に応じて外部専門家などのアドバイスも受けながら，しっかりとシナリオを作成するとともに，想定される質問の回答を準備しておくべきでしょう。

5　保育施設の設計・運営の柔軟な変更

近隣住民の理解を得るためには，近隣住民から要請された要望を真摯に受け止め，可能なものについては，保育施設の図面を変更するなど，柔軟な対応をするべきです。

なお，この場合，設計を依頼した建築事務所に図面の変更を依頼することになるため，建築事務所に設計を依頼する場合には，当初から，修正の可能性があり得ることを伝えるとともに，報酬などについて丁寧に協議をしておくことが有用です。

6　最後の少数反対意見者に対する対応

すべての近隣住民から理解が得られるのが理想的ですが，どんなに説明を尽くし，また，保育施設の図面等を書き換えるなど近隣住民の要望にできる限り対応しても，一部の住民から反対され続ける場合があります。このような場合において，開園に反対する住民にいつまで対応を続けるか，という判断は非常に難しい問題です。

例えば，以下のような場合には，反対住民への対応は十分尽くされたと考えることは可能と思われます。もちろん，反対住民への対応にひと区切りつける場合には，必ず，市区町村役所の保育課や自治会と協議・相談を行っておくべきでしょう。

・運営事業者として合理的に可能な対応はできる限り行ってきた場合
・反対意見者の理由が感情的な問題であり，合理的な理由がない場合
・建設的な話し合いを行うことがもはや難しい場合
・多数の近隣住民からは理解が得られている場合

留意点

自治会・町内会や近隣マンションの管理組合から，自治会・町内会や管理組合として反対されてしまった場合，その地域で保育園を開園することは非常に難しい状況に至ります。

このため，前記のとおり，自治会・町内会への役員や管理組合の理事会に対して事前に説明を行う場合には，まずは役員の理解が得られるように，保育園施設の予定平面図を指し示しながら，丁寧かつ慎重に，保育園開設計画の概要について説明すべきでしょう。

また，近隣住民に影響を与えることが多い園児の声や保護者の話し声に関する対策，調理場から発生する匂いに関する対策，送迎時の交通量増加や違法駐車に対する対策などについても事前に検討し，丁寧に説明しておくべきでしょう。さらに，役員の懸念事項や指摘された事項については，真摯に受け止め，可能な限り取り入れるべきでしょう。

加えて，住民説明会などが後日予定されている場合には，想定される反対意見や慎重な対応が必要と思われる人についてもしっかりとヒアリングをしておくことが有用です。

さらに調べるには

○　関連裁判例（大阪高裁平成29年７月18日判決（ウエストロージャパン））

近隣住民が保育園に対して，保育園からの騒音により精神的・心理的不快を被ったとして金銭賠償と防音設備の設置を求めたところ，原告宅で測定される本件保育園の園庭で遊戯する園児の声等の騒音レベルが，未だ社会生活上受忍すべき限度を超えているものとは認められないと判断された事案

○　各地方公共団体が定める認可保育所整備・運営事業者募集要項

Q3 苦情処理対策の方法

近隣や保護者からのクレームを深刻なトラブルに発展させないために，しっかりとした苦情処理体制を導入したいと考えています。苦情処理体制はどのように導入すればよいのでしょうか。

Point

・厚生省通知に沿った苦情処理体制の導入
・現実的に実効性のある仕組みの作成

回　答

認可保育所については，社会福祉法82条において「社会福祉事業の経営者は，常にその提供する福祉サービスについて利用者等からの苦情の適切な解決に努めなければならない」旨規定されており，苦情解決の仕組みを導入することが義務付けられています。

認可外保育所については，社会福祉法の適用はありませんが，地方自治体が定める指導監査項目によっては苦情への対応が含まれている場合があります。何よりも，クレームを深刻なトラブルに発展させず，安心・安全な保育園を運営するために，保護者や近隣からの苦情を解決するための体制や手順を定めておくことは非常に重要です。

苦情解決の導入方法としては，苦情解決に関する社内規程の作成，苦情解決の体制や手順作り，適切な者への第三者委員就任依頼などがあります。

苦情解決の体制や手順については，厚生省関係部局長通知（平成12年6月7日）において次のように定められており，認可保育所のみならず，認可外保育所においてもこの通知に従った仕組みを構築することが望まれます。

1　苦情解決体制

⑴　苦情解決責任者の設置

苦情解決の責任主体を明確にするため，施設長や理事等を苦情解決責任者とする必要があります。

⑵　苦情受付担当者の設置

職員の中から苦情受付担当者を任命する必要があります。苦情受付担当者の職務は，次のとおりです。

・利用者からの苦情の受付
・苦情内容，利用者の意向等の確認と記録
・受け付けた苦情及びその改善状況等の苦情解決責任者及び第三者委員への報告

⑶　第三者委員の設置

苦情解決に社会性や客観性を確保し，利用者の立場や特性に配慮した適切な対応を推進するため，第三者委員を設置する必要があります。

第三者委員は，経営者の責任において選任されることになりますが，その概要は次のとおりになります。

〔選任要件〕

・苦情解決を円滑・円満に図ることができる者
・世間からの信頼性を有する者（例えば，評議員（理事を除く。），監事又は監査役，社会福祉士，民生委員・児童委員，大学教授，弁護士など）

なお，中立・公正性の確保のため，人数は複数であり，また，実費弁償を除き，できる限り無報酬とすることが望ましいとされています。

〔職務〕

・苦情受付担当者からの受け付けた苦情内容の報告聴取
・苦情内容の報告を受けた旨の苦情申出人への通知
・利用者からの苦情の直接受付
・苦情申出人への助言
・事業者への助言
・苦情申出人と苦情解決責任者の話し合いへの立会い，助言
・苦情解決責任者からの苦情にかかる事案の改善状況等の報告聴取
・日常的な状況把握と意見傾聴

2　苦情解決の手順

⑴　利用者への周知

苦情解決責任者は，施設内への掲示やパンフレットの配布等により，苦情解決責任者，苦情受付担当者及び第三者委員の氏名・連絡先や苦情解決の仕組みを利用者に周知する必要があります。

⑵　苦情の受付

苦情受付担当者は，利用者からの苦情受付に際し，次の事項を書面で記録し，その内容について苦情申出人に確認する必要があります。

・苦情の内容
・苦情申出人の希望等
・第三者委員への報告の要否
・苦情申出人と苦情解決責任者の話し合いへの第三者委員の助言，立会いの要否

⑶　苦情の受付の報告・確認

苦情受付担当者は，原則として，受け付けた苦情をすべて苦情解決責任者及び第三者委員に報告する必要があります。

匿名の苦情については，第三者委員に報告し，必要な対応を行うこととなります。

第三者委員は，苦情受付担当者から苦情内容の報告を受けた場合，内容を確認するとともに，苦情申出人に報告を受けた旨を通知しなければなりません。

⑷　苦情解決に向けての話し合い

苦情解決責任者は苦情申出人との話し合いによる解決に努める必要があります。また，必要に応じて第三者委員の助言を求めることとなります。

⑸　苦情解決の記録，報告

苦情受付担当者は，苦情受付から解決・改善までの経過と結果を書面で記録する必要があります。

苦情解決責任者は，一定期間ごとに解決結果を第三者委員に報告し，必要な助言を受けなければなりません。また，苦情解決責任者は，苦情申出人に改善を約束した事項について，苦情申出人及び第三者委員に一定期間経過後報告する必要があります。

⑹　解決結果の公表

個人情報に関するものを除き，「事業報告書」や「広報誌」等に実績を掲載し公表する必要があります。

■ 留意点

苦情解決の仕組みは，先に述べた厚生省関係部局長通知などを参考に，社内規程を作成，社内組織の変更，そして，利用者に周知するためのパンフレットそのほかの書面などを作成し，導入することになります。このとき，社内の事情を十分考慮せずに，理想的な苦情処理体制を導入してしまうと，実際には運用できない，形だけの仕組みに終わってしまいます。これでは，慎重に取り扱うべき苦情があった場合，結局，導入した苦情処理体制どおりの対応が行われず，深刻なトラブルに発展してしまいます。

苦情解決の仕組みを導入する場合は，手間がかかったとしても，実際に運用されている業務フローの確認や苦情受付担当者となり得る者の意見を丁寧にヒアリングして，実情にあった仕組みを作り上げる必要があります。

■ さらに調べるには

○　「社会福祉事業の経営者による福祉サービスに関する苦情解決の仕組みの指針について」（平成12年６月７日厚生省関係部局長通知―平成29年３月７日最終改正）
○　企業主導型保育事業指導・監査等基準（公益財団法人 児童育成協会）
○　児童福祉施設の設備及び運営に関する基準を定める条例（各地方自治体）

Q4 開設時からの安全管理対策が重要な理由

翌春から，新しい保育園を開設することとなりました。今後も順次，保育園を増やしていく予定ですが，安全管理には十分な対策をとりたいと考えています。どのような点に注意をすべきでしょうか。

Point

・施設（企業）風土に根ざした安全管理対策
・開設時の安全管理対策が特に重要

回　答

保育施設で重大事故が頻繁に発生するわけではないので，実際に起きるまでは，あたかも将来にわたって事故が起きないかのような平穏な毎日が続きます。そして，安全管理対策には，時間・金・手間というコストがかかります。したがって，知らず知らずのうちに，実際に重大事故が起きるまで，安全管理対策が後回しになってしまっていたという事業者も少なくありません。統計として保育事故が減らないのも，その証左でしょう（⇒Ｑ７「園内事故の実態」）。

保育施設で重大事故が起きた場合に，事故の調査を実施することもありますが，このような調査では，事故の根本的原因として，安全管理を軽んじる企業風土が指摘されることが少なくありません。なぜでしょうか。

保育事故の特徴（⇒Ｑ８「保育事故の特徴」）は，複数人による複数の不注意・原因が数珠のように連なって最終的に発生するというもので，すべての事故は，これら不注意の一つでもきちんと注意できていれば防げたものばかりです。そして，普段からずさんな管理を容認し適切な指導を怠っていた風土，すなわちこのような企業風土が根本的な原因として挙げられるからです。

長年の歴史ある会社の文化や風土を変えることが大変なように，歴史のある保育施設の風土を変えるのも大変です。風土を変えるには時間と手間がかかりますが，日常業務に追われ，起きてもいない事故対策に十分な費用・労力を割けないような事態も生じ得ます。また長年勤める職員の中には，風土を変えようとする動きに抵抗感をもつ職員も出てくることがあります。

結局のところ，将来の事故のリスクを考えれば，開園時にコストがかかっても安全管理に対する文化・風土を作ることが，結果として最善の安全管理体制の構築となり，かつコスト削減にもなるといえます。

留意点

開園時に安全管理対策を講じたくても具体的にどうしていいかわからない事業者も多いと思います。具体的には，以下の制度を開園時から導入することをお勧めしています。

1　トップコミットメントとクレド

いかなる安全管理システムを構築したとしても，それを扱う職員にそのシステムを活用する気がなければ画餅に帰すといえます。その意味で，職員に対して，事業責任者が安全管理を確実に実行する決意であることを示し，職員を先導していかなければなりません。安全管理の実効性を確保するうえで最も重要な要素は，保育事業のトップが，安全管理に対するコミットメントを表明し，イニシアティブを発揮することといえます。

保育事業においては，安全管理の確保が大前提であるとの経営姿勢を示し，その決意を社内外に明示するため，「社内理念」や「クレド（職員が意思決定や行動のよりどころにする基本指針）」を策定して，役職員に周知徹底するとともに，ウェブサイト上に掲載して，全役職員が社会的立場を意識しつつ保育業務を遂行できるような環境を整えるべきだといえます。

2　安全管理マニュアルの定期的な改訂と特に事故発生時のフロー整備

どこの保育施設でも，安全管理マニュアルは置いているのですが，大抵は，棚の奥に置かれてしまい，それを読んだことのある職員もほとんどいません。しかし，安全管理マニュアルをこのように扱っていては，実効的な安全管理は達成できません。そこで，安全管理マニュアルを職員が改訂する機会を設けるべきです。

地方自治体やコンサルタントからもらった安全管理マニュアルをそのまま

使用している施設も多いのですが，安全管理マニュアルとは，施設形態，職員数，園児数，施設構造などその施設ごとの特殊性や固有の特性に合わせて作ることで役に立つもので，本来，もらいものでは意味がないものです。そこで，年に数回，安全管理マニュアルを職員が改訂する機会を確保して，徐々に当該施設の特性を反映させたマニュアルに修正していくべきです。また，このような機会を職員に与えることで，職員は，本気で施設の安全管理を考えるようにもなりますし，その改訂作業自体が，安全管理の意識向上やノウハウの習得につながることになります。

次に，園内事故が発生した場合の，119番通報，保護者連絡，行政対応などの事故対処についても，上記と同様にその施設に合った規模や内容に変更すべきです。

3　安全管理委員会の設置（⇒Q12「安全管理委員会の設置」）

上記のとおり，マニュアルの改訂は職員の安全管理の意識向上に役立つのですが，より実効的なのは，安全管理委員会を設置し，現場の職員に構成員となってもらって，自主的に同委員会を運営してもらうことです。通常，安全管理委員会というと，幹部が構成員となりトップダウンで安全管理体制を職員にやらせようとするものですが，現場を熟知していない幹部によって策定されたシステムを押し付けてもうまくいかないことが多いです。そこで，現場職員で構成される安全管理委員会を設置し，月１～２回の定期的な会議の中で，安全管理研修の企画，事故シミュレーションの企画・実施（⇒Q11「事故のシミュレーション」），ヒヤリハットの集計・検討（⇒Q10「ヒヤリハット導入のポイント」），安全管理マニュアルの改訂等を自主的に行わせ，これに基づいて運用していくことが有用です。

安全管理に対する理念・方針・モチベーションは，トップコミットメントによって，具体的な安全管理対策は現場の職員によって担わせることで，実効的な安全管理対策を行うことができます。

4　定期的な事故シミュレーションの実施（⇒Q11「事故のシミュレーション」）

どこの保育施設においても，避難訓練は定期的に行っていると思いますが，事故の訓練をしている施設はほとんどありません。災害が発生する確率よりも事故が起きる確率の方が高いはずなのに，事故の訓練をすることがほとんどないのです。

災害と同じように，重大事故も頻繁に起きるものではないことから，大抵の施設では，いざ重大事故が起きると，被害児童の保護者対応，病院対応，行政対応，警察対応，その他の保護者対応，場合によってはマスコミ対応等に追われ，パニック状態に陥ります。

事故が起きた場合，119番通報の判断は誰がするのか，誰が通報するのか，保育園の住所・目印を伝えられるか，児童の病状は何を伝えればいいのか，行政への連絡は誰がするのか，病院には誰が同伴するのか等，普段から，定期的に事故シミュレーションを行い準備しておくべきです。また，シミュレーションをすることで，職員は，できないことを自覚し，安全管理対策への取組みのモチベーションも上がります。

法的解説

事故が起きた場合の役職員の法的責任は，それぞれの立場において，「事故を予見し，その事故を回避することを怠った」場合に，注意義務違反があるとして，賠償責任を負わされ，又は刑事罰が科されます（⇒Q14「重大事故が発生した場合の関係者の法的責任」）。

逆にいうと，注意義務を果たしていればこのような法的責任を負いません。

すなわち，事故を予想し，かつ回避する対策を講じていれば，注意義務違反とはされないこととなります。予想もできない事故や回避不可能な事故については，責任を負わせるわけにはいかないからです。

上記留意点１～４の安全対策の取組みは，このような法的責任における「注意義務」の内容を具体化したものです。このような取組みをきちんと実施することで，事故を実際に回避していくだけでなく，万が一，事故が発生したとしても，その事故は予想不可能あるいは回避不可能であってやむを得なかったと説明することができるようになります。

さらに調べるには

内閣府のウェブサイトでは，事故情報データベース，事故防止及び事故発生時の対応のためのガイドラインなどが情報開示されています。

内閣府ホーム＞内閣府の政策＞子ども・子育て支援＞子ども・子育て支援新制度＞制度の概要等

Q5 事業所内保育での安全管理の留意点

現在，弊社では，女性職員が働きやすい職場を作るため，事業所内保育（企業主導型保育）を検討しています。ただ，報道でもよく目にするように，保育園での重大事故が心配です。安全管理の点で，どのようなことに留意すべきでしょうか。

Point

・企業主導型保育事業で保育事業を外部委託している場合であっても，保育施設で重大事故が発生した場合，法的責任を問われる可能性がある

・配置基準・面積基準・保育士割合を認可保育所の水準に引き上げる

・外部機関による安全管理に特化した監査を実施する

回　答

事業所内保育には，主に，認可保育所と位置づけられる「地域型保育事業」である「事業所内保育事業」と認可外保育所と位置づけられる「企業主導型保育事業」があります。

本問では，企業主導型保育事業も含めた認可外保育事業に焦点を当てて安全管理の留意点の回答をします。

認可外保育所は，認可保育所と異なり，開設時の行政による厳しい審査がなく，保育士割合などの設置基準も緩やかで，行政による立入調査も十分に実施されていないことから，安全管理がおろそかになっているとの批判もなされているところです。また実際に行政による立入調査を受けたとしても，担当職員の数に比して施設数が多いのと，調査項目も多岐にわたることから，必ずしも安全管理の観点から十分に調査されるものでもありません。

実際に保育施設における死亡事故の発生比率で比較しても，認可外保育所における死亡事故の発生比率の方が認可保育所のそれを大きく上回っています（⇒Q７「園内事故の実態」）。

このように認可外保育所では，認可保育所に比べて，行政による監視機能が十分に働かず，安全管理の質の担保が確保されにくい現状があります。そこで，認可外保育所の事業者は，保育施設の安全管理の質の確保が各事業者に委ねられていることを十分に意識して，対策を講じる必要があります。

対策の一つとしては，統計上，認可保育所の重大事故の発生数が少ないことに鑑み，職員の配置基準・面積基準・保育士割合を認可保育所の水準にまで引き上げることが挙げられます。

さらに，認可外保育所では，行政による監視機能が十分に働かないことから，安全管理の質を担保するため，外部機関による，安全管理に特化した監査を定期的に実施することも挙げられます。特に運営する施設が増えてくると，事業者自身による安全管理の監視の目は，どうしても届かなくなりますので，外部機関に委託して緊張感をもって監査することが有用です。

その他，本書で推奨している，ヒヤリハットの実施（⇒Q10「ヒヤリハット導入のポイント」），事故シミュレーションの実施（⇒Q11「事故のシミュレーション」）及び安全管理委員会の設置・運営（⇒Q12「安全管理委員会の設置」，Q13「安全管理委員会の効果的運営」）なども順次実施していくことが望まれます。

また，令和５年４月１日より，認可外保育所を含む保育所について，児童の安全を確保するための取組を計画的に実施するための計画の策定が義務付けられています。

当該安全計画に関しては，厚生労働省から，令和４年12月15日付けで「保育所等における安全計画の策定に関する留意事項等について」が発出されており，当該安全計画は，安全点検の実施や，保育時はもちろん，散歩等の園外活動時やバス運行時など施設外での取組における安全確保の指導，その他職員への研修や訓練などを計画的に行うためのものであることが求められています。この点，安全確保に関する取組を行うに当たっては，「リスクの高い場面（午睡，食事，プール・水遊び，園外活動，バス送迎等）での対応を含む園内外での事故を防止するための，職員の役割分担等を定めるマニュアルや，緊急的な対応が必要な場面（災害，不審者侵入等）時における職員の役割分担や保護者への連絡手段等を定めるマニュアルの策定が不十分である場合は，速やかに策定・見直しを行うこと」などにも留意すべきとされており，今後は，この指針等も踏まえ，各施設において策定した安全計画に従い，計画的に安全管理対策を実施していく必要があります。

留意点

企業主導型保育事業では，設置主体である企業自体が保育園を運営する方式と，保育事業者に委託する方式の2パターンがありますが，保育事業の経験のない企業の場合，そのほとんどは，保育事業者に委託しているのが実情だと思います。

この点，企業主導型保育事業で保育事業を外部委託していたとしても，事業所内保育の設置者が企業自身であることから，当該企業が認可外保育の届出を都道府県知事に直接することになります（児童福祉法59条の2）。このように，企業主導型保育事業では，たとえ企業が保育事業を保育事業者に委託しているとしても，企業自身が保育設置者としての法的責任を負うことに留意しなければなりません。

具体的には，認可外保育所の設置者は，サービス内容の掲示（児童福祉法59条の2の2），契約内容等の説明（児童福祉法59条の2の3），契約時の書面交付（児童福祉法59条の2の4）及び都道府県知事への施設の運営状況等の報告（児童福祉法59条の2の5）などの義務を負います。

さらに，児童福祉法59条（立入調査）には，「施設の設置者若しくは管理者に対し，必要と認める事項の報告を求め，又は当該職員をして，その事務所若しくは施設に立ち入り，その施設の設備若しくは運営について必要な調査若しくは質問をさせることができる。」と規定されており，設置企業もその対象に含まれています。そして，同条3項・4項に規定されているように，勧告及び公表の対象は設置企業となるので，十分な留意が必要です。

法的解説

保育事業者に保育事業を外部委託する場合の企業主導型保育事業において，園内で重大事故が起きた場合に，設置者である企業がいかなる法的責任を負い得るのかが問題となります。

保育施設の重大事故における関係者の法的責任は，Q14「重大事故が発生した場合の関係者の法的責任」で詳しく説明するとおり，刑事罰が科される刑事責任と損害賠償責任を負わされる民事責任が問題となり得ます。

上記の場合，委託を受けた保育事業者が保育を直接的に担っていることから，第一次的には，当該保育事業者がこれらの法的責任を負うことになりますが，場合によっては，企業主導型保育の設置者である企業自身も法的責任を問われる可能性があるので留意が必要です。

具体的には，委託先の保育事業者がずさんな安全管理を実施していたにもかかわらず，これを設置者である企業が監督せずに放置していて重大事故が起きた場合に問題となるといえます。

そして，設置者である企業において，委託先である保育事業者が行う安全管理に関する監督義務違反が認められるような場合には，損害賠償責任などの法的責任が問われることになります（なお，法人の刑事責任は問われません。）。

上記のとおり，企業主導型保育事業による保育所は認可外保育所に分類され，その安全管理の質の担保は，行政による監視が十分に働いていない以上，設置者である企業に委ねられているといわざるを得ません。また，被害を受けた児童の保護者からすれば，委託先である保育事業者だけでなく，その設置者である企業に対しても責任を追及したいのが実情だと思います。

このように，企業主導型保育事業においても，設置企業は，事故の法的責任を問われる可能性があることから，上記の留意点を十分に理解したうえで，保育事業に取り組む必要があるといえます。

さらに調べるには

○　内閣府「地域型保育事業の概要」(https://www8.cao.go.jp/shoushi/shinseido/faq/pdf/jigyousya/handbook5.pdf)

○　内閣府「企業主導型保育事業の制度の概要と企業のメリット」(https://www8.cao.go.jp/shoushi/shinseido/ryouritsu/tachiage/１_01.html)

○　児童育成協会「企業主導型保育事業ポータル」(https://www.kigyounaihoiku.jp/)

Q6 保育所の騒音をめぐるトラブル

保育所の騒音をめぐり近隣住民とトラブルになるケースが全国的に発生していると聞きました。

保育所事業者は，保育所を開設するにあたって，どのような対策を講じておくべきなのでしょうか。

Point

・保育所から発生する音が環境基準，騒音規制法及び神戸市の騒音基準を超えているかどうか

・近隣住民に対して誠実に対応してきたか

回　答

後記■**法的解説**記載のとおり，保育所から発せられる騒音が一般社会生活上限度を超えているものと評価される場合は，騒音による被害が違法な権利侵害に該当するものとして，保育所事業者は法的責任（損害賠償など）を負うことになります。

そこで，保育所事業者は，保育所開設にあたって，近隣の方々に十分に配慮し，次のような対策を講じておくべきでしょう。

1　保育所施設

・保育所開設予定地区の環境基準，騒音規制基準を把握し，園児の声がこれらの基準を超える可能性があるか慎重に検討する。

・保育所施設に防音機能を施し（二重窓など），室内の園児の声ができる限り外部に漏れることのないように配慮する。

・園庭の場所は，できる限り周辺住民に配慮した位置に設置する。

・特に園庭で遊ぶ園児の声が周辺住民に与える影響が大きいことに配慮し，

園庭で遊ぶ時間を毎日３時間程度に限定する。
・住宅地域など，特に閑静な地域に保育所を開設する場合には，通常の地域以上に，騒音に対する対策を講じる。

２　住民への対応

・住民説明会をできる限り開催し，保育所の概要，工事の内容について丁寧に説明する。
・住民説明会での説明内容と実際の保育所の運用に齟齬が生じることのないように，住民説明会では保育所の概要を正確に説明する（園児の定員等）。
・必要に応じて，複数回説明会を開催したり，個別説明を行ったりして，地域住民の理解が得られるように努力する。住民の理解が十分に得られていないにもかかわらず，形式ばかりの住民説明会を１回のみ開催し，保育所施設の建設工事を強行するようなことはすべきではない。
・住民から園児が発する声等による騒音被害について質問や要望等があった場合には，これを真摯に受け止め，設計の変更や騒音防止策の導入などを可能な範囲で検討する。
・住民との交渉経緯や講じた対策などについては，逐一書面に残すなど証拠化しておく。

法的解説

保育所の騒音をめぐる裁判としては，神戸市内の認可保育所から発せられる騒音をめぐり，近隣に居住する男性が精神的苦痛を受けたとして慰謝料と防音設備の設置を求めた事案（大阪高裁平成29年７月18日判決・判例集未登載）があります。

この裁判において裁判所は，次のような判断を示し，保育所側に全面勝訴の判決を言い渡しました。

１　裁判所が示した判断基準

騒音による被害が違法な権利侵害になるかどうかは，「侵害行為の態様，侵害の程度，被侵害利益の性質と内容，当該施設の所在地の地域環境，侵害行為の開始とその後の継続の経過及び状況，その間にとられた被害の防止に関する措置の有無及びその内容，効果等の諸般の事情を総合的に考察して，被害が一般社会生活上受忍すべき程度を超えるものかどうか」により決められます。

2　考慮要素

⑴　環境基準，騒音規制法及び神戸市の騒音基準

この裁判では，環境基準，騒音規制法及び神戸市の騒音基準は，公害防止行政上の指針や行政上の施策を講じるべき基準を定めたものであり，本来私人が発生させる騒音問題に直接適用されるものではないものの，騒音が生活環境や人の健康に与える影響に係る科学的知見に基づき，周囲の環境等の地域特性をも考慮して定めた「有益な指標」と判示しています。

このため，保育所から発せられている騒音の程度が，環境基準，騒音規制法及び神戸市の騒音基準を超えているかどうかという点は，一つの考慮要素になります。

ただし，「騒音が被侵害者に対して及ぼす影響の程度については，騒音源である敷地の境界線で測定された騒音レベルに加えて，騒音源と被侵害者との距離，騒音の減衰量等をも踏まえて検討するのが相当」であり，騒音基準を超える騒音が直ちに受忍限度を超える騒音と評価されるものではありません。

仮に，保育所から発せられる騒音が環境基準等を上回っていたとしても，保育所と住民宅の距離，その住民が自宅で生活している時間帯，その地域における保育所以外の騒音の程度，保育所で騒音が発生する時間帯などを考慮のうえ，保育所で発生する騒音によりその住民が受ける被害が日常生活に重大な影響を及ぼす程度に至っているかが判断されます。

⑵　保育所の有する公共性・公益性

保育所が一般的には単なる営利目的の施設などとは異なり公益性・公共性の高い社会福祉施設であること，園児が園庭で自由に声を出して遊び，保育者の指導を受けて学ぶことはその健全な発育に不可欠であることからすれば，保育活動から生じる騒音については，侵害行為の態様の反社会性が相当に低いといえます。

そこで，受忍限度の程度を判断するにあたっては，このような保育所の有する公共性・公益性も考慮されることになります。

(3)　住民への対応

この裁判では，保育所事業者が，保育所開園まで，近隣住民に対してどのような対応を講じてきたのかという点が慎重に検討されています。

そこで，受忍限度の程度を判断するにあたっては，保育所事業者の近隣住民に対する誠実性も重要な考慮要素になります。

本裁判は，保育所から発生する騒音が常に受忍限度を超えるものではない，すなわち，保育所事業者は常に損害賠償責任を免れると判示したものではありません。

本裁判では，実際に保育所が発していた騒音の程度，男性の居住地域のもともとの騒音状況，保育所開園までの経緯及びその間にとられた被害の防止に関する措置が丁寧に検討されました。

したがって，保育所開設前後を通じて保育事業者が周辺住民に対して不誠実な態度をとっていた場合には，保育所の騒音をめぐる裁判において，保育事業者が敗訴する可能性も十分あり得るものと考えられます。

そこで，保育所開園にあたっては，本裁判で検討された考慮要素を一つの手がかりにして，近隣住民にも配慮した適切な対応をとる必要があります。

さらに調べるには

○　近隣に居住する男性が保育所からの園児の声などによって精神的苦痛を受けているとして慰謝料と防音設備の設置を求めた訴訟（大阪高裁平成29年７月18日判決（判例集未登載），神戸地裁平成29年２月９日判決（裁判所ウェブサイト））

✲ 保育コラム

複数企業による保育園の共同設置

企業主導型保育事業では，複数企業による共同設置が認められており，このような形態による保育園の設置を考えている企業もあると思います。単に複数企業で保育園を利用したいだけの場合には，ある企業が設置主体となり，他の企業が利用企業として契約する形態も考えられますが，一社が保育園を設置・運営することが負担となる場合や複数企業が保育園の設置主体として対外的なアピール（福利厚生や女性の就業支援など）をしたい場合には，複数企業が共同設置主体となることが考えられます。

このような保育園の共同設置を進めるにあたっては，企業自体が保育園の設置・運営ノウハウがないこともあり，具体的な保育園運営の内容を調査しつつ，段階を踏んで事業を進めていくことが重要です。

まず，保育園の共同設置にかかる目的や方針などの大枠を定めた「事業提携契約」を締結することから始まり，ある程度，保育事業の内容が固まってきた場合には，共同設置にかかる「基本合意書」の締結も必要となります。

この基本合意書では，保育園の設置場所，共同運営の方法，保育事故が起きた場合の責任分担，利用定員の配分，準備・運営にかかる経費の分担などの基本的事項を定めておくことが必要となります。特に，企業主導型保育事業のように国などから助成金が出る場合には，永続的な保育事業の運営を求められていることもあって，共同設置企業のいずれかが保育事業から離脱する場合について定めることを忘れがちですが，当然，そのような事態も考えられることから，離脱する場合の清算条項を忘れずに定めることが重要となります。

第2章

園内事故に対する法的責任と予防

Q7 園内事故の実態

保育施設では，普段，どのような重大事故が起きているのか気になります。保育施設で発生する重大事故の実態を教えてください。

Point

・保育施設内での園児の重大事故は依然として発生している
・睡眠中の事故に加え、近年は誤嚥による窒息事故も目立っている

回　答

1　保育事故の公表

保育施設での重大事故の発生状況については，現在，内閣府子ども・子育て本部が公表しています。

以下では，令和４年７月７日に内閣府子ども・子育て本部が公表した「『令和３年教育・保育施設等における事故報告集計』の公表及び事故防止対策について」（以下「子ども・子育て本部発表」といいます。）に基づいて，保育施設等における事故の実態を説明します。

なお，平成27年４月１日から，「特定教育・保育施設等における事故の報告等について」（平成27年２月16日府政共生96号，26初幼教30号，雇児保発0216第１号）等に基づき内閣府・文部科学省・厚生労働省に報告のあった事故情報について，内閣府で集約・データベース化のうえ，公表されています（内閣府ホーム>内閣府の政策>子ども・子育て本部>子ども・子育て支援新制度>教育・保育に関する報告，データベース）。

2　保育施設等における重大事故の概要

令和３年内に保育施設等で発生した園児の事故は，**表１**のとおりです。

表１　死亡及び負傷等の事故件数

	負傷等				死亡	施設数（箇所）
	意識不明	骨折	火傷	その他		
こども園	6件	450件	2件	97件	0件	8,585
幼稚園	0件	38件	1件	10件	0件	8,172
認可保育所	8件	937件	2件	242件	2件	22,732
小規模保育所	0件	13件	0件	5件	0件	5,776
家庭的保育事業	0件	0件	0件	0件	0件	875
地方単独保育施設	0件	3件	0件	0件	0件	認　可　外5,775 事業所内8,317
認可外保育施設	0件	18件	0件	9件	3件	
合　　計	14件	1,459件	5件	363件	5件	

＊「認可外保育施設」は表１で掲げた施設を除く保育施設で，かつ事業所内保育施設を含む。

表２　死亡事故の報告件数

	認定こども園	認可保育所	小規模保育事業	家庭的保育事業	認可外保育施設	合　計
平成29年	1件	2件	0件	0件	4件	7件
平成30年	0件	2件	0件	1件	6件	9件
令和１年	0件	2件	0件	0件	3件	5件
令和２年	2件	1件	0件	0件	2件	5件
令和３年	0件	2件	0件	0件	3件	5件
合　　計	3件	9件	0件	1件	18件	31件

死亡事故の発生数は認可外保育施設が最も多くなっています。

また，令和３年中の死亡事故の発生比率をみると，認可保育所では11,366か所の施設に１件，認可外保育施設では4,697か所の施設に１件の割合で発生しており，発生比率でも認可外保育施設が１位です。

次に，過去５年間における，保育施設等での園児の死亡事故の推移は**表２**のとおりです。

上記のとおり保育施設等における園児の死亡事故は，近年，毎年５～９件で推移しています。以前と比較すれば減少していますが，保育施設等での安全管理が強く求められながら，いまだ一定数の死亡事故が発生しています。

3　令和３年における保育施設での死亡事故の原因

さらに，令和３年中の死亡事故の主な原因は，表３のとおりです。

表３　死亡事故の主な原因

	認可保育所	認可外保育施設	合　計
SIDS	0件	0件	0件（1件）
窒息	0件	1件	1件（3件）
病死	0件	0件	0件（0件）
溺死	0件	0件	0件（0件）
その他	2件	2件	4件（1件）
合計	2件	3件	5件（5件）

＊括弧内は令和２年の件数

4　令和３年における保育施設での死亡事故の発生時の状況

さらに，令和３年の死亡事故の発生時の状況は，表４のとおりです。

表４　死亡事故発生時の状況

	認可保育所	認可外保育施設	合計
睡眠中	0件	1件	1件（1件）
プール活動・水遊び	0件	0件	0件（0件）
食事中	0件	0件	0件（2件）
その他	2件	2件	4件（2件）
合計	2件	3件	5件（5件）

＊括弧内は令和２年の件数

以前より減少したものの，睡眠中の死亡事故が依然として発生しています。また，令和２年内の死亡事故５件のうち３件が誤嚥による窒息であり，近年，誤嚥による重大事故が目立っています。表にはありませんが，死亡事故５件のうち３件が１歳児以下の乳幼児に起きていることから，１歳児以下の乳幼児においては，死亡事故のリスクが高いことがわかると思います。

5　保育事故の実態

園内事故は国民の関心も非常に高いことから，最近では，マスコミによって取り上げられる機会もとても増えてきました。

重大事故から園児を守るため，保育従事者の危機管理意識の向上と安全管理体制の確立は喫緊の課題であり，保育現場における安全・安心の確保をすることで初めて，保護者からの信頼を維持・回復することができます。

また，保育事業者にとっても，ひとたび保育施設内で児童の重大事故が発生した場合には，さまざまな法的責任や社会的責任が想定されるのであり，複数の保育施設を運営する事業会社にとっては，一つの保育施設で起きた重大事故がきっかけとなり，それらの責任の影響が他の保育施設にまで波及することも少なくありません。

保育事業者としては，保育事故の実態を把握したうえ，十分な安全管理体制の構築を図る必要があります。

留意点

死亡事故の死因をまとめた**表3**において，多くの死因が「その他」に分類されています。これは，亡くなった園児の解剖ができない場合が多く，死因の特定が困難な場合があるからと推測されます。例えば，乳幼児突然死症候群（SIDS）は，厚生労働省が出した乳幼児突然死症候群（SIDS）診断ガイドライン（第２版）により，剖検及び死亡状況調査によらなければ診断できないとされ，これが実施できない場合，死因分類は「不詳」とされます。当該「不詳」も「その他」の分類に含まれていると考えられます。

また，近年死亡事例が複数発生している誤嚥事故については，給食を喉に詰まらせた事例のほか，節分の豆まき行事の際に豆を喉に詰まらせた事例もあります。このような事故を防止するには，子どもの発達の状況を適切に把握・理解した上で食事等の提供や介助を行うことが不可欠といえます。

さらに調べるには

○　厚生労働省「保育施設における事故報告集計」（平成26年１月31日）

○　厚生労働省「保育施設における事故報告集計」（平成27年２月３日）

○　内閣府子ども・子育て本部「『教育・保育施設等における事故報告集計』の公表及び事故防止対策について」（令和４年７月７日）

○　厚生労働省SIDS研究班「乳幼児突然死症候群（SIDS）診断ガイドライン（第２版）」（平成24年10月）

Q8

保育事故の特徴

保育施設での深刻事故の発生数があまり減っていないようですが，保育施設での事故には，何か特徴があるのでしょうか。

Point

・事故の原因は一つではない
・複数の不注意が数珠のように連なって重大事故になる

回　答

1　具体例

死亡事故を例にとって考えてみましょう。２歳児クラスに直径約２㎝の白玉団子のおやつを提供したところ，被害児童がその白玉団子をのどに詰まらせ死亡したという事例です。

２歳児クラスには園児27名がおり，５～６名の５グループに分かれ，各グループに１名ずつの保育士を担当させる中で，おやつが提供されました。

時系列の要約は，以下のとおりです。どのようにしていたら死亡という重大結果が起きなかったのかを考えながら読んでみてください。

15：30　園長と主任がフルーツポンチ（白玉団子入り）の検食
15：45　園児たちに団子が入っているので，よく噛むように伝える
15：46　園児たちが食べ始める
15：49　被害児が咳き込み牛乳を吐く。近くの保育士が気付く
15：50　白玉団子を詰まらせているらしいことがわかる
15：52　園長が救急車の出動依頼
15：56　救急車到着。保育士が被害児を抱いた状態で乗り込む

15：57　救急隊員が接触確認（心肺停止確認）。胸骨圧迫開始
　　　　喉頭鏡で口腔内を確認，粘液等を吸引機にて吸引
16：05　異物が取り除かれ，救急車出発
16：20　病院に到着し処置を行い，ICUに入る（約１か月後に死亡）

2　死亡事故に至った原因

この事例は，保育園で職員に対して実施する安全管理研修でのグループワークで使用する事例です。どうしたら死亡事故を防げたかという観点から事例を読んでもらい，その原因を考えて挙げてもらうことで施設内事故の特徴がよくわかります。

正解というものはありませんが，この事例でよく指摘される原因は以下のようなものです。

〔事前〕

① すでに別の地方自治体で白玉団子の誤嚥事故が発生しており，そもそも献立の段階で，２歳児に白玉団子を提供すべきでなかった

② 乳幼児の咀嚼力・嚥下力の低さを考えると，検食時に白玉団子の提供の中止を決定するか，細かく切り分けて提供するかすべきであった

③ おやつの提供時に，保育士の誰かが，白玉団子の提供の中止，あるいは細かく切り分けて提供することの進言をすべきであった

④ 被害児を担当する保育士が，白玉団子を細かくして提供し，あるいはよく噛んで食べるように指導しながら提供すべきであった

⑤ そもそもこの園では，誤嚥事故を想定した研修や訓練を行っておらず，このような研修や訓練を実施していれば死亡事故は防げた

⑥ 吸引器具を設置していなかった

〔事後〕

⑦ 白玉の除去に気をとられ，すぐに救急車を呼んでいない

⑧ 職員らがパニックに陥り，救急車到着前に心肺蘇生を実施していない

このようにさまざまな原因が挙げられますが，特に注目すべきは，これらの一つでも実施することができていたのであれば，被害児童は最悪の結果を避けられたかもしれないという点です。

このような事故では，被害児がいたグループを直接担当していた保育士に

非難の目が向けられがちなのですが，上記①～⑧の原因を見てみると，必ずしも担当保育士だけが悪いのではなく，保育に関係するさまざまな人たちの不注意が重なって事故に至っていることがよくわかると思います。

例を挙げれば，白玉団子を献立にした栄養士や施設長，検食で対策をとれなかった施設長や主任，提供直前に止められなかった他の保育士，被害児によく噛んで飲み込むよう指導できなかった担当保育士，誤嚥事故の研修や訓練を実施してこなかった事業主や施設長，パニックになり心肺蘇生もできなかった職員全員，すぐに救急車を呼べなかった職員全員などです。

このように保育施設での事故は，事前から事後にわたって，多数の保育関係者の不注意が数珠のように重なり最悪の結果を発生させているという特徴があります。これは，上記の事例だけに限ったことではなく，あらゆる施設事故に共通の特徴といえるものです。

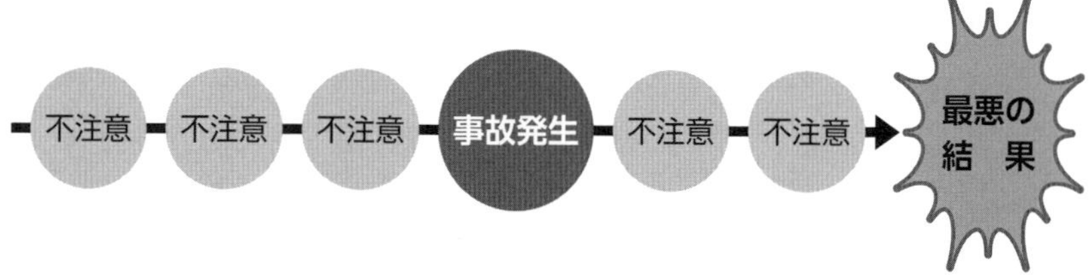

留意点

このような事故の特徴を考えると，事故対策は，保育士個人の責任に委ねるべきではなく組織的な対策をとることが重要であるといえます。

得てして重大事故では，その事故の直近に不注意をしてしまった者に非難の目が向けられがちですが，実際事故の原因となる不注意は，保育関係者すなわち事業主，施設長，主任，担当保育士，他の保育士などが関わっていることがほとんどです。

このような特徴から，保育施設での重大事故では組織的な対策をとることが必須であることが導かれますし，組織的な対策をとることでかなりの確率で事故を防ぐことができると思います。

法的解説

保育施設での重大事故では，民事裁判や刑事裁判となることもあります（⇒Q14「重大事故が発生した場合の関係者の法的責任」）。このときに責任の対象とされるのは，事故の直近で担当していた保育士だけでなく，主任，施設長，事業主も含まれることが多いです。

それはやはり，保育施設での重大事故には，関係者のさまざまな不注意が原因で事故が起きているという特徴があるからに他なりません。

さらに調べるには

○　はこのもり保育園誤嚥事故調査委員会「事故調査報告書」（平成24年11月26日）

○　宇都宮地裁平成29年２月２日判決（平成22年に真岡市立小学校の給食で発生した白玉誤嚥事故の判決）

保育事故における事故調査のポイント

経営する保育園の園児に大きなけがを負わせる事故が発生してしまいました。なぜこのような事故が起きてしまったのかを施設で調査して，今後の保育に役立てたいと思っています。事故調査は，どのように行うとよいのでしょうか。

Point

- 調査目的によって調査チームを構成する
- 事故調査を利用して，原因と再発防止策を策定し，安全管理の再構築を目指す

回　答

1　調査の必要性

Ｑ８「保育事故の特徴」で解説したように，保育事故というのは，どれもさまざまな職員の多数の不注意が重なって発生するという特徴があることから，誰にどの範囲で事故の原因があるのかを明らかにし，再発防止策を検討するため，事実関係を明らかにする事故調査は極めて重要です。

最近，死亡事故について事故調査をする必要があるという議論が出てきていますが，死亡事故に限る必要はありません。重大な結果が生じるか否かは偶然の事情も関与することから，結果として軽い事故であっても，重大事故のおそれがあったと考えれば，事故調査をして原因の究明と再発防止策の策定をすることは，同等に有益といえます。

作成した調査報告書は，事故の経緯，その原因，再発防止策が記載されていることから，施設内で有効活用するほかに，事件によっては，行政への提出，インターネットへの公開，保護者への説明などにも利用できます。

2　調査の方法

⑴　調査チームの体制

調査チームの構成は，①職員のみの場合，②職員と外部専門家の混合チームの場合，③外部専門家に外部委託する場合の３パターンが考えられます。どれを選択するかは，事故の重大性，保護者・地域社会の関心度，行政からの要請の有無，専門性の要否などを考慮して判断することになります。

例えば，それほど大きな事故ではなく保護者の関心度も低い場合には①の構成で足りますが，他方，重大事故で保護者・社会からの関心度も高く，専門性も必要な場合には，③の構成である必要があります。外部専門家というのは，法律および事実認定の専門家である弁護士，医療分野の専門家である医師などが考えられます。そして，上記の考慮要素を検討したうえで，折衷案として②を選択する場合もあります。

調査の公正さや中立性，専門性が求められるような調査の場合には，②や③の構成で調査することが必要となります。

⑵　調査手法

調査方法は，証拠の収集が大きな柱となり，大きく分けると客観証拠の収集と供述証拠（ヒアリング）の収集に分けられます。収集の順序としては，客観証拠の収集すなわち，パソコンデータやメールデータ，保育日誌，通話記録，手帳，出勤簿，各種報告書などを収集したうえ，事故に関与した職員のヒアリングを実施することになります。

調査対象は，基本的には，①施設の状況，職員構成，組織構成などの保育施設としての体制，②事故当日の職員体制や園児の受け入れ状況，③事故現場の検証，④事故に至る経緯，⑤事故後の対処状況，⑥マニュアルや指針等の整備状況等になります。そして，事故の類型によって，行政から出されている通達やガイドラインの内容，法令で定められた基準の違反の有無，使用した遊具の状況，当該事故が発生した保育状況についての他の園も含めた慣習など多岐にわたって調査をすることになります。

例えば，プール事故（⇒Q23「水の事故と対策」）であれば，上記①〜⑥のほかに，行政から発出されている監視体制に関する通達やガイドライン，保育園でのプール監視における慣習なども調査する必要があります。

留意点

上記のような事実調査を行ったうえで，事故の原因と再発防止策を検討していくことになります。特に，事故の「原因」の捉え方は，あれなければこれなしの関係（条件関係）がある事象すべてを挙げ出すと，風が吹けば桶屋が儲かるではありませんが，無限に広がり得ることになります（例えば，当該保育園に通わせたことも原因といい得ます。）。そこで，再発防止策の策定ができる範囲の原因を検討していくことになりますが，この検討は，職員の法的責任の考え方も流用できるところであり，Ｑ８「保育事故の特徴」，Q14「重大事故が発生した場合の関係者の法的責任」，Q16「裁判例からみる保育関係者の法的責任」も参考にしてください。

法的解説

そもそも上記のような事故調査をどのような権限で法人が行うのか，また従業員は調査への協力義務があるのか，について解説します。

1　調査の法的根拠

⑴　法　人

判例上，企業は，その存立と事業の円滑な運営の維持のために企業秩序が不可欠であり，秩序維持のため，違反行為があった場合には，乱された企業秩序の回復に必要な業務上の指示，命令を発し，又は違反者に対し制裁として懲戒処分を行うため，事実関係の調査をすることができる，とされています。したがって，法人は，保育施設での園児の事故の場合，再発防止のため，又は注意義務違反の職員を処分するため，当該事故の事実関係の調査をすることができます。

⑵　役　員

保育園を経営する法人が株式会社の場合もあれば，社会福祉法人の場合もあると思いますが，どちらであっても調査の法的権限の考え方に違いはありません。

役員は，業務執行権限を有している（会社法348条，社会福祉法45条の16）ので，業務中に起きた事故の調査は，業務執行の権限の一環として当然認められます。

⑶　監査役・監事

監査役又は監事が調査を実施する場合もあります。監査役には会社法上，監事には社会福祉法上，それぞれ調査権限が付与されています。

⑷　弁護士

事故結果が重大な場合，関係者が多い場合，専門判断が必要な場合などには，法律と事実認定のプロフェッショナルである弁護士に事故調査を依頼したほうがよいこともあります。

弁護士に事故調査を依頼する場合には，法人と弁護士との委任契約によって実施することになるので，同契約が事故調査の法的根拠となります。

2　調査の協力義務

⑴　従業員の調査協力義務

法人に雇用される従業員は，雇用契約の付随義務である企業秩序遵守義務を負うとされており，調査に協力することが労務提供義務を履行するうえで必要かつ合理的である範囲で調査協力義務を負うとされています（最高裁昭和52年12月13日判決・民集31巻７号1037頁）。ただし，退職者には，この協力義務は及ばないことから，退職のタイミングには注意を払う必要があります。

⑵　役員の調査協力義務

役員の場合，法人の委任契約を締結しており，善管注意義務によって調査協力義務があると考えられます。役員が退任した後も，委任終了後の報告義務（民法645条）があるとして，調査への協力を要請できます。

⑶　その他関係者の調査協力義務

その他，けがをした園児を診察した医師，園児の保護者など，法人外部の関係者は，調査協力義務を負いませんので，調査への協力は任意となります。なお，法律上，弁護士は，弁護士会を通じて書類の提示や意見回答を求める弁護士会照会という調査方法があり，義務違反の罰則はありませんが，弁護士会照会を受けた者は法的な回答義務があります。

ヒヤリハット導入のポイント

この度，ヒヤリハット報告制度を導入し，職員に園内のヒヤリハット報告をしてもらうことにしました。導入して１～２週間くらいは，何名かの職員がヒヤリハット報告書を提出してくれましたが，次第に誰も提出しなくなり，今ではヒヤリハット報告制度自体が有名無実化してしまっています。どうしたら，ヒヤリハット報告制度を浸透させることができるのでしょうか。

Point

・ヒヤリハットが必要な理由を理解しないまま浸透させることはできない
・ヒヤリハットを浸透させる別の制度を併用する

回　答

1　ヒヤリハットの特徴

普段，国内のさまざまな保育園を訪問していますが，ある保育園を訪問した際，園内にある園児用の背の低い水場の蛇口が上を向いたままになっていたことがありました。私がこれを眺めていると，これに気付いた保育士がさっとその蛇口を下に回転させていたことがありました。

私は，保育園で行う安全研修で職員の方々にいつもこの出来事を話すのですが，必ず何人かは不思議な顔をして，何が問題なのかわからないとおっしゃいます。

実は，園児や子ども用の背の低い水場がある保育園や小学校では，毎年のように，子どもたちが水で濡れた床や地面で滑って前のめりに転んだ拍子に，上を向いたままの蛇口に顔をぶつけて大きなけがを負っているのです。

このようなことを経験的に知っている職員や注意深い職員は，危険を感じて，すぐに蛇口を下に向けるのですが，なぜそのようなことをするのかについては，おそらく他の職員にいちいち言わないのでしょう。

このように，危険を感じる力（ヒヤリハット）というのは，経験や性格や個性によって人それぞれであり，相当なばらつきがあることがわかるかと思います。これがヒヤリハットの一つの特徴です。

もう一つの特徴は，ヒヤリハットは事故として現実化していないので，職員が意識的に共有することをしないということも挙げられます。

先ほどの例でいうと，実際に蛇口で顔をぶつける事故が起きてけがをすれば，どの保育園でも，その事故の内容，今後気を付けるべき点，対策などを朝会などで職員に周知すると思います。しかし，ヒヤリハットは，現実化しなかった事故であり，それに気付いた職員も，「ヒヤリ」「ハッ」とした後に事故が起きなくて，「ホッ」としてやり過ごしてしまうのです。いちいちこのような気付きを他の忙しい職員に伝える人は少ないでしょう。

このようなヒヤリハットの特徴があることから，危険を感じる力（ヒヤリハット）の低い職員はその力を伸ばすことができずに，いくつものヒヤリハットを見過ごした末，いずれ大きな事故を発生させてしまうことになるのです。

2　ヒヤリハットが必要な理由

他方，ヒヤリハットは，いわゆるハインリッヒの法則と一緒に語られることが多いです。この法則は，労働災害における有名な経験則の一つなのですが，一つの「重大事故」が発生するまでには，29の「軽微な事故」が発生しており，さらには300の「ヒヤリハット」が実は見過ごされているという経験則です。逆にいうと，丁寧に300のヒヤリハットを拾っていくことで，重大な事故の発生の芽を摘むことができるという法則なのです。この法則は，すでに医療業界や介護業界では大

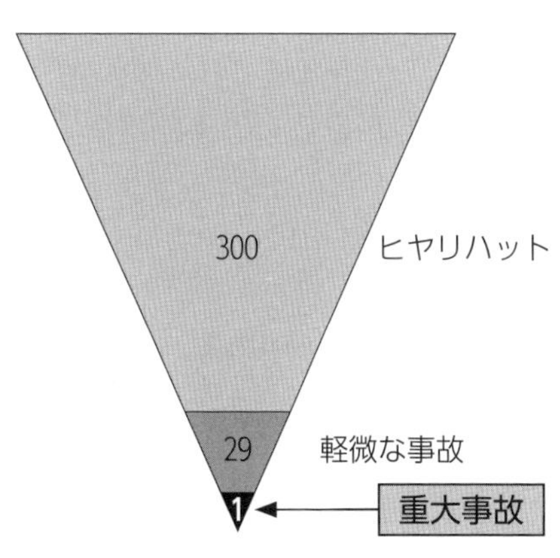

きく利用されており，これらの業界ではヒヤリハットがすでに制度化されています。

つまり，人それぞれのばらつきが大きく，共有されにくいという特徴のあるヒヤリハットは，実は，重大事故を防ぐための有効なツールであり，この危険を感じる力（ヒヤリハット）を職員間で共有することで，各人のその力を向上させ，事故を防ぐ機会を増やすという意味があるのです。

ヒヤリハットを職員間で浸透させるには，やはりこのようなヒヤリハットの必要性を十分に知ってもらう必要があると思います。

制度は導入したけど，その意味がわからないまま運用して廃れていくという現象は組織ではよくあることです。

ヒヤリハット制度を導入しても，その意味を理解しなければ浸透するはずもなく，導入と同じくらいの労力を割いて，その意味を理解してもらう研修などを行うことは必須だと思います。

留意点

しかし，上記のようなヒヤリハットの導入を行っただけで，すぐに毎日，ヒヤリハット報告が次々と提出されるようになるかというと，なかなかすぐに実働しません。制度の導入だけでは，まだ車の片輪にすぎません。

職員も人であり楽をしたいという気持ちもありますから，継続的にヒヤリハット報告をさせるのであれば，やはり「監督」と「評価」が不可欠だと考えます。

「監督」というのは文字どおりで，上司なりがきちんと管理する必要がありますし，できれば職員で構成される「安全管理委員会」(⇒Q12「安全管理委員会の設置」，Q13「安全管理委員会の効果的運営」）により自主的に管理することが効果的であると考えています。この安全管理委員会とは，簡単にいうと，定期的に職員が交代しながら構成員を務める委員会で，自主的に園内の安全管理の企画運営をするグループです。例えば，ヒヤリハット報告を安全管理委員会の方で定期的に確認し，率先して報告の提出を促すとともに，有益なヒヤリハットについては，対策を考え，あるいは朝会で情報共有するなどの道具として利用することで有機的に動き出します。

次に，職員も人ですから，一生懸命やったことが評価されるのであれば頑張りますし，評価されればさらに頑張るものです。このようにヒヤリハット（これに限りませんが）への取組みをきちんと「評価」するという方法で，やる気を上げて・継続させる工夫も必要だと思います。具体的には，人事考課（⇒Q45「人材定着対策（モチベーション維持）」）の評価項目の中に「安全管理への取組み」又は「ヒヤリハット報告への取組み」などを組み込んで給与と連動させ，安全管理に前向きに取り組んでいる職員のやる気を引っ張ることも有効です。

法的解説

実は，ヒヤリハットの収集分析は，介護業界ではすでに法定化されているのですが，保育業界ではまだ法定化には至っていません。

しかし，児童福祉施設の設備及び運営に関する基準35条の規定に基づいて厚生労働省が定めた「保育所保育指針」の解説版である「保育所保育指針解説書」には，ヒヤリハットに関する記述が出てきます。すなわち，保育所保育指針解説書第３章３⑵「事故防止及び安全対策」の項には，「重大事故の発生防止のため，あと一歩で事故になるところであったという，ヒヤリ・ハット事例の収集及び要因の分析を行い，必要な対策を講じるなど，組織的に取組を行う。」との記載があります。ヒヤリハットが法的に義務付けられているわけではありませんが，行政文書により望ましいとして勧めているのであり，これに沿う対応が求められます。

なお，保育分野に限りませんが，法律・規則・通達・告示・ガイドライン・解説書などによってさまざまなルールが示されていますが，これらルールは，実際に事故が起きた場合の法的責任を考えるうえで，非常に重要な基準となりますので，事業者は必ず目を通し，運営に反映させていくべきであると考えます（⇒Q15「重大事故の法的責任とガイドラインの関係」）。

さらに調べるには

○　厚生労働省「保育所保育指針」（平成29年厚生労働省告示117号）

○　厚生労働省「保育所保育指針解説書」（平成30年２月）

Q11 事故のシミュレーション

保育施設を運営していますが，園内で重大事故が起きた場合に適切な対応ができるか不安です。何か対策をしたいのですが，どのような方法がありますか。

Point

・発生し得る事故を想定し，実際に園内で事故のシミュレーション（緊急事態対応訓練）をすることで経験を積んでおく
・安全管理委員会（⇒Q12）で緊急事態対応訓練の企画実施をさせることで，職員らに自主的に保育の安全管理を考える機会を与える

回　答

過去に保育園・幼稚園で起きたさまざまな重大事故を調べてみると，緊急事態への備えが十分ではなく，迅速・適切な救命措置が行えていないケースが非常に多いことがわかります。救命救急の研修を受けたことのある保育士であっても，何年も前に受講しただけで覚えていないことも多いのが実情です。

しかし，Ｑ８「保育事故の特徴」で解説したように，保育施設での事故は，事故前において関係者のさまざまな不注意が数珠のように連なって発生し，かつ事故発生後の対処においても関係者のさまざまな不注意・ミスが重なって，さらに事態を悪化させ，けがを重篤化させていきます。

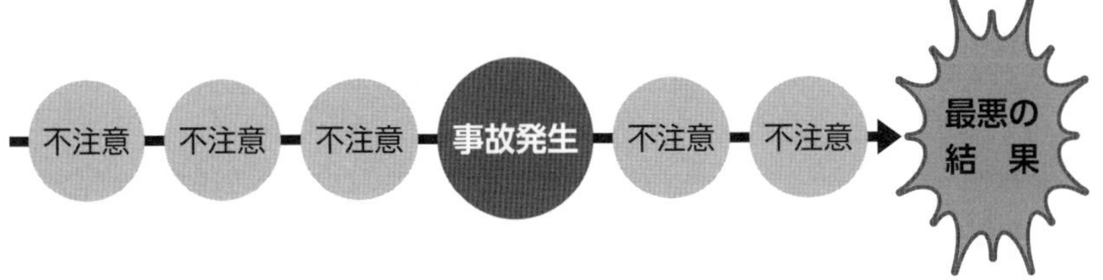

なぜ，事故後の対処が迅速適切にできないのでしょうか。

原因の一つとして考えられるのは，一つの施設において重大事故が何回も起きるわけではないので，ほとんどの職員は，重大事故を経験したことがなく，それゆえ，いざ重大事故が発生すると，その対処方法がわからなくなってしまう点です。

しかも，保育所等では，多数の子どもを多数の職員で預かり，さまざまな関係先があることから，一人の子どもに重大事故が発生した場合，対応先で考えても，救命対応，他の子ども対応，保護者対応，救急車対応，病院に同伴し医師への対応，本部が別にある場合には本部対応，行政対応などが必要になります。

このような複数の対応が必要になる場合に，事故に直面した職員はまず誰に連絡し，誰が救命措置を行い，誰が119番通報の要否の判断をし，誰が全体の意思決定や統率をするのか，といった役割分担も必須となります。このような事態において，何の準備もなく臨機応変に対応できるわけがありません。また，事故後の対処マニュアルが施設に備え付けられてあっても，普段から，その内容を習得していなければ，何の役にも立ちません。

この点，地震や火事などの災害時の緊急避難にも同様のことが当てはまるわけですが，災害時の備えについては，どこの保育所等でも，必ず定期的に避難訓練を実施していることと思います。集団で避難しなければならないという事態では，練習をすることなく臨機応変に成功するはずがなく，やはり普段からの訓練で練習をして失敗しておくことで，初めて本番において本領を発揮できると思います。

預かった子どもが死の危険にさらされるという点では，重大事故も災害も違いはないわけですから，どこの保育所等においても，重大事故に備え，是非，避難訓練の重大事故ヴァージョン（以下，「緊急事態対応訓練」といいます。）

を企画して実施すべきと考えます。つまり，定期的に重大事故のシミュレーションを実施して訓練をするべきと考えます。

▌留意点

緊急事態対応訓練のやり方は，決まった方式があるわけではありませんが，以下では，一つの具体例として園庭の高いところから子どもが落下して意識不明となった事故で実例を示し，実施の際の留意点を挙げます。

① まず，緊急事態対応訓練を企画する担当職員を数名決めておき，当該職員らで訓練の内容を考えます。

② 担当職員らで子どもの人形を用意し，例えば，「午前10時35分，園庭遊びの時間帯に滑り台から４歳児が落下して意識不明となった事故」を想定します。

③ 緊急事態対応訓練を実施する日を職員に告知しますが，抜き打ち訓練とするため，発生事故の内容や発生時刻までは伝えません。

④ そして，実施日となったら，園児が園庭で遊んでいる中，想定していた事故のとおり，担当職員において，該当時刻に滑り台の下に人形を置き，４歳児が落下して意識不明となる事態が発生したことを園庭などにいる職員に伝えます。

⑤ 担当職員以外は，４歳児が滑り台から落下した事故を前提に，救命措置，園内での責任者への連絡，119番通報（練習），保護者連絡（練習），行政連絡（練習）などを行っていきます。

⑥ 子どもたちにも事前に訓練があることを伝えておき，事故が起きた場合の他の子どもの扱い方もシミュレーションします。

⑦ 訓練終了後，職員間で反省会を行い，可能であれば，事故対処マニュアルの見直しまで行います。

以上が，緊急事態対応訓練の一つの実例となります。いきなり子どもたちがいる時間帯にやるのも難しいでしょうから，初めの何回かは子どもたちがいない時間帯に訓練した方が無難でしょう。

他方，上記の抜き打ちによるやり方ではなく，例えば台本を事前に作成し，事故の内容や発生時間帯も共有したうえ，各役割も職員に割り振って訓練を実施する方法も有効です。この場合は，当該施設でのあるべき事故対処の方法・マニュアル（連絡ライン，役割分担，指示系統など）を決めなければ台本を作れないので，その制作過程が非常に勉強になります。

この緊急事態対応訓練は，1回だけ実施するよりも，隔月や3か月に1回のペースで定期的に実施することで訓練の実があがります。例えば，1月は誤嚥事故，4月は不審者侵入事故，7月はプール事故（熱中症事故），10月は落下事故という形で，初めに年間計画を作ってしまい，その計画に従って実施していくことが効果的です。

特にこの緊急事態対応訓練の企画実施は，安全管理委員会（⇒Q12）の担当とすることで，同委員会のメンバーである職員たちにおいても，自主的に保育の安全管理を考える良い機会とすることができます。

法的解説

保育の監査では，事故時の対応を定めたマニュアル等の整備が求められますが，コンサルタントや地方自治体などから入手したマニュアルを保育所等に備え置いても，使えるようにならなければ意味はありません。特に，事故時の対応というのは，施設の形態，子どもと職員の数，職員のシフトの内容，各時間帯の子どもの活動内容，施設内の職位の種類（副施設長，主任など），本部が別の場所にあるかどうかなどによってその方法が大きく異なってきます。

緊急事態対応訓練を実施し始めると，実際に失敗を繰り返しますから，その度に職員らがどのような対応が最善であるかを話し合うことになります。このようなことを繰り返すことで，その施設に合った事故時の対応方法が確立していき，安全管理委員会において，その方法を事故対処マニュアルに反映させる改定をしていくことで，本当のマニュアルを作り上げることができます。

Q12 安全管理委員会の設置

最近，報道でも園内事故が取り上げられることも多く，少しでも事故を減らしたいので，保育園の安全管理体制を充実させたいと考えています。特に，職員に自覚をもって安全管理に取り組んでもらいたいと思っているのですが，どこから手を付けていいかわかりません。

Point

・職員で構成される安全管理委員会を設置して，自主的かつ自覚的に園内の安全管理に取り組んでもらう
・安全管理への取組みを人事考課での評価基準にも掲げ，人事評価と連動させる

回　答

1　安全管理委員会の提案

職員は，日々の忙しい業務に追われ安全管理まで手が回らないことも多く，そのような中で施設長や本部から，安全管理に配慮するよう抽象的又は形式的な指示を出されても，実効的な対策は望めません。

他方，我々が保育園の職員の方々に安全管理研修をしていて感じるのは，職員の方々は，普段の業務に追われながらも，本心では事故への不安を抱えているということです。つまり，職員は，事故への不安を抱え，安全管理をきちんと実施していきたいものの，普段の業務が忙しすぎて手が回らないというのが実情だと思うのです。

そこで，施設としては，このような職員の不安を理解して，職員が自主的自立的に安全管理に取り組める環境を整える必要があります。このような環境として，本書では，職員で構成される安全管理委員会の設置をお勧めします。

この安全管理委員会とは，職員による安全管理体制の構築を目指して，主に職員で構成される安全管理に特化した委員会をいいます。

2　安全管理委員会

本書が提案する安全管理委員会の設置例は以下のとおりです。

(1)　安全管理委員会の目的：園内事故の防止と危機対応

・各園の実情に沿った安全管理対策の構築

・職員間でのヒヤリハットや事故経験の共有

・職員の安全管理意識の共有と向上

(2)　安全管理委員会の構成

安全管理委員会の構成の一例は，以下の図のような形態です。

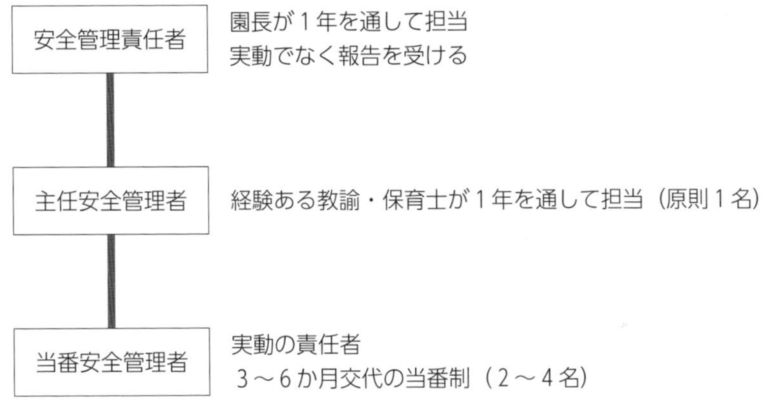

(3)　安全管理委員会の業務

安全管理委員会では以下の業務を行うことが効果的です。

・日常の安全点検

・ヒヤリハットレポートの収集・周知（⇒Q10「ヒヤリハット導入のポイント」）

・ヒヤリハットマップの作成・周知

・園内事故の分析及び事故防止策の策定

・安全管理マニュアルの作成・改定

・緊急事態対応訓練の企画・実施（⇒Q11「事故のシミュレーション」）

・研修の企画（事故事例研修・専門家研修等）

(4)　安全管理委員会の運営

委員会の構成は，上記のとおり，園長ないし施設長を安全管理責任者として報告を受けることとし，主任安全管理者１名と当番安全管理者を実動として，月に１～２回の委員会を開催し，上記業務の検討や実施計画を策定してください。空いている時間で委員会を開催しようとすると時間が取れないので，シフトに組み入れると効果的です。

また安全管理委員会を開催した場合には，委員会報告書を議事録として残し安全管理責任者に提出してください。主任や当番の人数や新人を委員会に入れるかについては，園の規模や経験者の構成にもよるので，施設長と主任で検討してください。

留意点

大きな事故は頻繁に起こるものではないことから，運良く事故が起きていない期間が長く続くこともあり，また安全管理対策にコストもかかることから，運営者は，安全管理への取組みを後回しにしがちです。

しかし，安全管理への取組みは，保育施設を運営するうえでの根幹ともいうべき部分であり，積極的に取り組んだ職員は評価すべきですし，このような職員が増えるような体制を構築する必要があります。

そこで，人事考課制度の評価項目の中に，「安全管理への積極的な取組み」などの項目を創設し，安全管理に取り組む職員が報われるような人事評価とすることで，職員のやる気を引き出すことができます（→Q45「人材定着対策（モチベーション維持）」）。

法的解説

「教育・保育施設等における事故防止及び事故発生時の対応のためのガイドライン」の「事故の発生防止に関する留意点」の項目では，安全管理に対して組織的な取組みが重要である旨が指摘されています。まさに上記の安全管理委員会の設置・運営は，安全管理に対する組織的な取組みの一つであり，その趣旨に沿うものといえます。

さらに調べるには

○　内閣府・文部科学省・厚生労働省による検討会「教育・保育施設等における事故防止及び事故発生時の対応のためのガイドライン」（平成28年３月31日）

✲ 保育コラム

アレルギーで気をつけるべき食品

アレルギー事故（⇒Q24「アレルギー事故の特徴と予防策」）には，家庭で発症したことのないアレルギー症状がいきなり保育園で発症した事例もあり，職員は，アレルギー症状が出やすい食品を知っておく必要があります。

食品表示法（食品表示基準）では，アレルギー症状を引き起こす食品のうち，発症数や重篤度から考えて，特に表示が必要な食品について定めています。下欄の食材を給食で提供する場合には，事前の保護者への確認は当然ですが，食事中も十分な注意が必要です。なお，2019年９月より，「特定原材料に準ずるもの」にアーモンドが追加されました。

【特定原材料】

食物アレルギー症状を引き起こすことが明らかになった食品で，特に発症数，重篤度から勘案して表示する必要性の高いものとして表示が義務化されているもの（えび，かに，くるみ，小麦，そば，卵，乳，落花生）

【特定原材料に準ずるもの】

食物アレルギー症状を引き起こすことが明らかになった食品で，症例数や重篤な症状を呈する者の数が継続して相当数みられるが，特定原材料に比べると少ないものとして可能な限り表示することが推奨されているもの（アーモンド，あわび，いか，いくら，オレンジ，カシューナッツ，キウイフルーツ，牛肉，ごま，さけ，さば，大豆，鶏肉，バナナ，豚肉，まつたけ，もも，やまいも，りんご，ゼラチン）

Q13 安全管理委員会の効果的運営

職員で構成される安全管理委員会を設置することにしました。ただし，設置したとしても，なし崩し的に開催されなくならないか心配です。安全管理委員会を効果的に運営するにはどのようにすればよいでしょうか。

Point

・安全管理委員に，朝会での発表など具体的な業務を任せる
・保育事故防止対策規程などを作り，安全管理委員会の役割を明記する

回　答

1　安全管理委員会の業務

Q12「安全管理委員会の設置」で解説しましたが，職員を自主的に安全管理に取り組ませるのに安全管理委員会の設置は有効です。この安全管理委員会のポイントは，施設長などの幹部によって構成・運営されるのではなく，構成員とされた現場の職員らが自立的に安全管理に取り組む機会を作ることで，安全管理への意識を高め，その自主性を育む点にあります。

そして，安全管理委員会の業務としては以下を実施するのが効果的です。

①　日常の安全点検
②　ヒヤリハットレポートの収集・周知（⇒Q10「ヒヤリハット導入のポイント」）
③　ヒヤリハットマップの作成・周知
④　園内事故の分析及び事故防止策の策定
⑤　安全管理マニュアルの作成・改定
⑥　緊急事態対応訓練の企画・実施（⇒Q11「事故のシミュレーション」）

⑦　研修の企画（事故事例研修・専門家研修等）

2　安全管理委員会の効果的運営

安全管理委員会で上記業務をどのように実施していくのか具体的に説明したいと思います。

まず，①日常の安全点検は，担当の当番安全管理者が普段から施設内の安全を点検し，発見したヒヤリハットや危険要因に対する対策を講じる業務です。これは，安全管理委員会の実績として記録していくことが重要です。

次に，ヒヤリハット報告を職員に浸透させようとしてもうまくいかないことが多いので，安全管理委員会で②ヒヤリハット（⇒Q10「ヒヤリハット導入のポイント」）の収集・周知の業務を担ってもらいます。具体的には，毎週の朝会などで安全管理委員会からの時間を作り，そこでヒヤリハット報告を促し，当番安全管理者も率先してヒヤリハット報告をするようにします。そして，Ａ４用紙に書かれたヒヤリハット報告を回覧するのも大変であることから，安全管理委員会で施設の図面にヒヤリハット情報を書き込んだ③ヒヤリハットマップを作成し職員室などに掲示しておくことも一覧性があって有効です。

また，安全管理委員会において，④ヒヤリハット報告や事故報告を分析して事故防止策を策定する業務もしてもらいます。このように対策を講じた実績は，安全管理委員会報告書に記載して記録します。

次に，避難訓練の事故版とでもいうべき⑥緊急事態対応訓練（⇒Q11「事故のシミュレーション」）を企画し実施することも安全管理委員会の業務とするとよいと思います。安全管理委員会で，誤嚥事故やアレルギー事故等のシミュレーションをいつ・誰を対象にどのように実施するのかを計画・企画・実施することは，とても有効です。

緊急事態対応訓練を実施することで，実際に事故が起きたときの危機対応の反省点が浮き彫りになります。そこで，安全管理委員会において，施設に備え付けの安全管理マニュアルを確認し（実用に耐えられないマニュアルであることも多いです。），反省点を生かして，実際に危機対応ができるような⑤安全管理マニュアルの作成・改定をしていく作業を行います。

このほか，安全管理委員会で，心肺蘇生，ハイムリッヒ法及びAEDの使い方などの専門的技術を身に付ける⑦研修を企画する業務も行います。専門家研修だけでなく，安全管理委員会主催による事故事例検討会なども実施すると効果的です。

安全管理委員会は，一定期間経過後の交代制を想定しており，上記業務を一度に行うことは無理であることから，担当ごとに少しずつ業務を実施していけば無理なく続けることが可能です。主任安全管理者は，１年を通して担当しますので，業務の継続性は維持されることになります。

留意点

安全管理委員会を設置した場合，基本的なルールを規程に定めておくとよいです。

安全管理委員会のルールを規程にまとめると以下のようになります。

保育事故防止対策規程（案）

第１条（目的）

この規程は，株式会社○○（以下「本社」という。）が運営する幼稚園あるいは保育施設（以下まとめて「施設」という。）における園内事故を防止し，安全かつ適切な教育の提供体制を確立するために必要な事項を定める。

第２条（委員会の設置）

1　前条の目的を達成するため，本社が運営する各施設にそれぞれ「安全管理委員会」（以下「委員会」という。）を置く。

2　各委員会は，各施設の施設長及び定期的に施設長が指名する教諭，保育士，看護師，給食担当者，その他の施設従事者をもって構成する。

3　委員会の構成員は，安全管理責任者，主任安全管理者及び当番安全管理者に就任する。

4　施設長は，安全管理責任者に就任する。

第３条（委員会の運営）

1　委員会は，安全管理責任者又は主任安全管理者が招集する。

2　委員会は，所掌事務に係る検討を行うため適宜開催する。

3　委員会を開催した場合には，安全管理委員会報告書（要旨で構わない。）を作成し，写しを本社に送付したうえ，原本を各施設において保管しなければならない。

第４条（所掌事務）

1　安全管理委員会は，次の事項について調査研究・検討及び企画立案を行う。

①　ヒヤリハット事例の収集，分析及び周知

②　ヒヤリハットマップの作成と周知

③　園内事故の原因の分析及び再発防止策の策定

④　安全管理マニュアルの作成と改定

⑤　緊急事態対応訓練の企画・実施

⑥　安全管理研修の企画・運営

⑦　その他，安全管理に関する事項

第５条（職員の責務）

本社及び施設の従事者は，安全管理委員会が円滑に運営できるように，同委員会の求めに積極的に協力しなければならない。

第６条（ヒヤリハット報告）

1　委員会は，園内事故の防止に資するよう，ヒヤリハット事例の報告を促進するための体制を整備する。

2　ヒヤリハット事例が発生した場合には，当該事例を体験した職員は，別に定めるヒヤリハットレポートを積極的に提出するよう努める。

3　ヒヤリハットレポートは，主任安全管理者を経由して委員会に提出する。

4　ヒヤリハットレポートを提出した者に対し，当該レポートを提出したことを理由に不利益処分を行ってはならない。

Q14 重大事故が発生した場合の関係者の法的責任

保育施設で園児に重大事故が起きた場合，その関係者は，どのような法的責任を負うのでしょうか。

Point

・損害賠償責任を負う民事責任と罰金・禁錮などの刑罰を科せられる刑事責任がある
・職員から代表取締役・理事長までの全ての関係者が責任を負う可能性がある

回　答

Ｑ７「園内事故の実態」で説明したように，保育施設等での重大事故は依然としてコンスタントに発生しているのが現状です。

昨今のマスコミ報道を見ても，保育施設等での重大事故については大きく報道される傾向にありますし，政府としても保育施設等における重大事故を把握し，対策をしようとしています。

保育施設等における重大事故は，その発生率をみてみると必ずしも高いものではありません。例えば，令和３年中の保育施設での死亡事故の発生比率をみると，認可保育所では11,366か所の施設に１件，認可外保育施設では4,697か所の施設に１件の割合で発生しています（⇒Ｑ７「園内事故の実態」）。

このように，保育施設等での重大事故は頻繁に起きるものではないものの，ひとたび発生してしまうと，園児や保護者への対応は当然として，行政指導，マスコミ報道もあり，最終的には，裁判における法的責任を追及される事態にもなり得ます。

家庭において親が自分の子どもの面倒をみる場合と異なり，複数の保育士によって０～６歳の児童を多数人預かる保育施設等では，保育従事者・管理者において，児童を預かるうえでのプロフェッショナルな能力が求められます。　保育従事者だけでなく保育事業者の役員や理事も含め，保育事故における法的責任がどのようなものなのか，知っておく必要があります。

留意点

Ｑ８「保育事故の特徴」でも解説していますが，保育事故は，さまざまな不注意が数珠のように連なって最終的に発生するという経過をたどります。この構造は，どの事故においても基本的に変わりありません。このさまざまな不注意には，担当保育士の見落としや点呼忘れといった単純な不注意もあれば，担当保育士への指示やシフト管理を担う主任や幹部クラスによる不注意，マニュアル整備，職員教育及び事故直後の対処指示などを担う施設長による不注意，さらには，施設長への指示，施設内ルールの策定及び安全管理体制の構築等を担う施設長や役員や理事による不注意も考えられます。

このように事業として施設で多数の児童を預かる場合，安全管理を確保するためには，現場から最高責任者までの全ての関係者においてそれぞれ異なった注意義務が課されており，その注意義務違反についてそれぞれ法的な責任が発生し得ることに留意しなければなりません。

法的解説

保育施設等で重大事故が起きた場合，法的には刑事責任と民事責任を問われる可能性があります。

1　刑事責任

(1)　刑事責任の内容

保育施設等内での傷害・死亡事故では，刑事上，業務上過失致死傷罪（刑法211条前段）の責任が問題とされることがほとんどで，その法定刑は５年以下の懲役若しくは禁錮又は100万円以下の罰金とされています。

(2)　刑事責任を負い得る要件

上記の業務上過失致死傷罪による刑罰を科され得るのは，業務上の「過失」により人を死亡させ，又は傷害を負わせた者です。この「過失」の有無は，「注意義務」違反があったか否かで判断され，この「注意義務」の内容は，その者の立場や地位により異なります。ここで「注意義務違反」とは，事故を予見できたのにこれを怠り，結果を回避する対策がとれたのにこれを怠ったことをいいます。

例えばプール活動中の死亡事故の場合，死亡した園児が事故に遭わないように直接的に監視すべき地位にあった保育従事者（有資格・無資格を問わない。）には，「監視義務」という注意義務違反が問題とされます。具体的には，プールで園児が溺死する可能性があることは予見でき，かつ，保育担当者であれば，目を離さずに監視していればすぐに助けることができたのにこれを怠ったとして監視義務違反とされます。

他方，その保育者を監督すべき地位にあった者（主任責任者，園長等）の場合には「監督義務」という注意義務違反が問題とされます。先の例でいえば，園長は直接プール活動を見ていないものの，普段から担当保育士にプール事故の研修を実施するほか，場合によっては複数監視の体制にすべき等の監督義務を負わされることもあり，これらを怠った場合に監督義務違反とされる場合もあり得ます。

⑶　刑事責任を負わされる者

園内の傷害・死亡事故の場合，捜査機関による捜査が開始されるきっかけは，①警察への通報で開始される場合，②保護者による告訴がされる場合，③報道による場合が考えられます。

どの範囲の者を刑事罰の対象にするのかは，基本的には，捜査の内容次第で捜査機関により決められていきますが，②の場合には，保護者による告訴の内容次第であり，現場の保育士にとどまる場合もあれば，事業会社のトップまで含まれる場合もあります。なお，業務上過失致死傷罪は法人には適用されないので，対象は自然人，すなわち代表取締役，理事長，役員及び職員等の関係者に限られます。

2　民事責任

⑴　民事責任の内容

保護者と保育委託契約を締結している事業会社等については，①同契約に基づく「安全配慮義務不履行責任（民法415条）」，②安全配慮義務違反による「不法行為責任（民法709条）」及び③従業員の安全配慮義務違反による不法行為責任（民法709条）を前提とする「使用者責任（民法715条１項）」に基づく損害賠償責任等が考えられます。いずれも金銭による損害賠償責任です。なお，実務的には，「安全配慮義務」の内容は，刑事事件での監視義務及び監督義務を包括するものであり，刑事事件での注意義務よりも幅広く課される傾向にあります。

事業会社の職員については，安全配慮義務違反による「不法行為責任（民法709条）」に基づく損害賠償責任が考えられます。

また，事故が起きた施設の運営者が株式会社である場合には，その役員は，上記の不法行為責任だけでなく，職務を行うについて故意又は重大な過失があった場合に賠償責任を負います（会社法429条）。

さらに，平成29年４月１日から施行された改正社会福祉法においても，役員等の賠償責任が法定されました。したがって，事故が起きた施設の運営者が社会福祉法人である場合には，その役員等は，上記の不法行為責任だけでなく，職務を行うについて故意又は重大な過失があった場合に賠償責任を負います（社会福祉法45条の21第１項（新設））。

⑵　民事責任を問われ得る範囲

民事責任を問われ得る範囲は刑事事件よりも幅広く，実務上は，児童を直接に保育する者，その主任，園長，事業会社の経営者及び事業会社（法人）まで損害賠償責任の対象とされる可能性があります。刑事事件と異なり，法人自体もその責任の対象とされることが多いです。

さらに調べるには

神奈川県内の幼稚園において，プール活動中に３歳児が溺れて死亡した事件において，担当保育士と施設長の責任が問われた民事裁判・刑事裁判があります。

刑事裁判では，担当保育士の注意義務違反が認められて有罪となったものの，施設長の注意義務違反が否定されて無罪となりました。他方，民事裁判では，担当と施設長のいずれも注意義務違反があったと認定され，事業者も含めて賠償責任が認められました。この事件の民事判決と刑事判決を比較すると，担当保育士と施設長の注意義務の違いや，刑事事件と民事事件での注意義務違反の考え方の違いがよくわかります。

刑事裁判：横浜地裁平成27年３月31日判決（裁判所ウェブサイト）

民事裁判：横浜地裁平成29年４月13日判決（裁判所ウェブサイト）

Q15 重大事故の法的責任とガイドラインの関係

保育園の安全管理では，厚生労働省及び地方自治体から，さまざまなガイドラインが出されていますが，保育園では，このようなガイドラインを備え置いているだけで，その内容まで細かく確認する時間がありません。重大事故が起きたときの法的責任に，このようなガイドラインは，どのように関係するのでしょうか。

Point

・厚生労働省や地方自治体の出すガイドラインや通達が法的責任の根拠とされるので，普段から確認し実践しておくことが重要

回　答

保育園における重大事故では，保育従事者に，刑事責任（刑罰）又は民事責任（損害賠償）を負わされることがあるのですが（⇒Q14「重大事故が発生した場合の関係者の法的責任」），いずれも「過失」が必要とされています。この「過失」とは，課されている「注意義務」に違反することですが，どのような注意義務が課されているかは，場面及び関係者ごとに異なります。

例えば，園児が給食を食べる場面では，担当職員には，誤嚥を起こさないように園児を落ち着かせてよく噛んで食べさせる注意義務があるといえますし，施設長には担当職員を普段から指導し，誤嚥事故が起きた場合に適切な対処ができるよう教育する義務や安全管理体制を構築する義務があるといえます。

そこで，それぞれの保育の場面で，どのような注意義務が課されているのかが問題となるわけですが，一般的には，「社会通念」を基準に決められる

といわれています。「社会通念」とは「社会一般に通用している常識」といい換えることもできますが，他方，園児にどのような注意を払うべきかについての常識は，保育従事者各人の考え方にも個人差があるところです。

そこで，保育事故の裁判では，事故の起きた場面で保育従事者にどのような注意義務を課すべきかを判断するのに，厚生労働省や地方自治体の出しているガイドラインや通達を重要な判断材料とすることになります。つまり，ガイドラインや通達に「○○すべきである」と書いてあることは，そのまま保育従事者に課されている「注意義務」とされやすく，それを実践しないままに保育事故を起こせば，「注意義務」違反として過失が認定され刑事責任あるいは民事責任が課される可能性が高くなります。

その意味で，法的責任の判断では，厚生労働省や地方自治体の出しているガイドラインや通達は，極めて重要な意味を持つことになります。

留意点

実際の保育の現場は，長時間にわたり少人数の保育士が多数の園児を見なければならず，その都度，ガイドラインや通達を見直すことも難しいのが現状かもしれません。保育の現場は，いわば「動」の状態であり，まさに現在進行形で保育を実施しながら，ガイドラインや通達の遵守が求められます。

他方，保育事故の裁判では，公正中立な立場にある裁判官が過去の事故を遡って検証し，注意義務の内容や注意義務違反の有無が判断されます。先ほど保育の現場を「動」と比喩的に表現しましたが，裁判は，いわば「静」の状態で過去の事故を検証するもので，より慎重に注意義務の有無が判断されることに特徴があります。

法的解説

平成23年に神奈川県大和市内の幼稚園で発生したプール死亡事故の刑事裁判では，新人教諭１名に園児11名のプール活動の監視をさせていた園長について，複数監視体制を構築すべき注意義務があったかどうかが争われました（横浜地裁平成27年３月31日判決（裁判所ウェブサイト））。

この裁判の判決は，「一般的なプール活動のみならず，新任教諭によって３，４歳児のプール活動が行われる場合の体制に限定してみた場合でも，安全標準指針から担任教諭とは別に専ら監視を行う者を置くべきである旨の解釈が導かれるものと一般的に理解されていたとは認められず，他に，その旨の安全対策を定めた指針・手引等が存在したという立証も，ない。」等と指摘し，複数監視体制構築の注意義務はなかったとして無罪を言い渡しました。

注意すべきは，判決でこのような注意義務がなかったとされたのは，当該事故発生当時の社会通念が前提になっているという点です。すなわち，当該プール事故がきっかけで，プール活動・水遊びの指針が見直され，厚生労働省から，平成26年６月20日付けで「児童福祉施設等においてプール活動・水遊びを行う場合の事故の防止について」が発出され，保育園等においては，「プール活動・水遊びを行う場合は，監視体制の空白が生じないように専ら監視を行う者とプール指導等を行う者を分けて配置し，また，その役割分担を明確にすること」とされました。

今後，同じような事故が発生した場合には，この指針等（その他，厚生労働省「保育所・地域型保育事業及び認可外保育施設においてプール活動・水遊びを行う場合の事故の防止について」（平成29年６月16日））が基準とされると考えられるので，園長の複数監視体制構築義務違反が肯定され，有罪となる可能性もあります。

厚生労働省や地方自治体は，保育園で重大事故が発生する度に新たなガイドラインや通達を出します。これは，もちろん同じ事故を発生させないための注意喚起及び予防策なのですが，結果として，保育従事者に新たな法的な注意義務を担わせる機能も持ち合わせているともいえます。

これらのガイドラインや通達は，法的には，上記のような位置づけとなるので，普段の保育では，十分に留意して実践していくことが求められますし，それにより重大事故を予防することになると考えます。

さらに調べるには

○　厚生労働省「保育所保育指針」（平成29年厚生労働省告示117号）

○　厚生労働省「保育所保育指針解説書」（平成30年２月）

○　厚生労働省「2018年改訂版保育所における感染症対策ガイドライン（令和４年10月一部改訂）」

○　厚生労働省「保育所におけるアレルギー対応ガイドライン（2019年改訂版）」（平成31年４月）

○　厚生労働省「児童福祉施設等においてプール活動・水遊びを行う場合の事故の防止について」（平成26年６月20日）

○　内閣府・厚生労働省・文部科学省「教育・保育施設等における事故防止及び事故発生時の対応のためのガイドライン」（平成28年３月31日）

○　厚生労働省「保育所，地域型保育事業及び認可外保育施設においてプール活動・水遊びを行う場合の事故の防止について」（平成29年６月16日）

○　内閣府「幼保連携型認定こども園においてプール活動・水遊びを行う場合の事故の防止について」（平成29年６月16日）

○　スポーツ庁「水泳等の事故防止について」（令和５年４月27日）

○　内閣府「教育・保育施設等においてプール活動・水遊びを行う場合の事故の防止について」（令和４年６月13日）

裁判例からみる保育関係者の法的責任

保育施設で重大事故が起きた場合，その保育関係者は，裁判でどのような法的責任を負う可能性があるのでしょうか。

Point

・損害賠償責任だけでなく刑事罰を受ける場合もある
・担当職員だけでなく，園長や法人も賠償責任を負う場合がある
・法人に刑事罰は科されない

回　答

保育事故の裁判例は多いですが，平成23年に神奈川県大和市内の幼稚園で発生したプール事故（以下「本件事故」といいます。）が参考になります。

本件事故の裁判の経過は以下のとおりです。

①　刑事裁判：平成26年３月24日　横浜地裁
　担当教諭に対し，業務上過失致死罪で罰金50万円の判決（一審確定）

②　刑事裁判：平成27年３月31日　横浜地裁
　園長に対し，業務上過失致死罪で無罪判決（一審確定）

③　民事裁判：平成29年４月13日　横浜地裁
　学校法人，園長，主任教諭，担当教諭，居合わせた教諭の責任が問われ，学校法人，園長，担当教諭に対して，連帯して合計約6,300万円等の支払いを求める判決（遺族側控訴の控訴審で控訴棄却）

〔事案の概要〕

幼稚園では，当日，直径約4.15mの円形のプールに水深21cmの水を張ってプール活動が実施された。新任であった担当教諭Ｘは，３，４歳児を対象とした年少組を担当し，午前11時35分頃から，被害児（当時３歳）を含む11名

にプール活動をさせていた。開始時は教諭Aが担当する別の年少組と一緒であったが，先にその組がシャワーを浴び始めたので，Xは，11名の園児を一人で監視することになった。その後，Xは，ビート板等の遊具を片付けている間に，被害児童が溺れ溺水状態に陥った（なお，Xがプールから目を離していた時間は30秒に満たない。）。11時48分頃，シャワーを浴びさせていた教諭Aがプールでうつ伏せに浮かぶ被害児童を発見し，Xに知らせた。その後，Xは，被害児童を抱えて事務所に移動したが誰もおらず，心臓マッサージを行った（その後，主任教諭が被害児童を園医まで連れて行った。）。11時51分頃，幼稚園の教諭から園医にプール事故の連絡をし，11時54分頃，園医から119番通報がなされ，その後，被害児童が病院に搬送されたが溺死と判定された。

留意点

保育事故における法的責任（⇒Q14「重大事故が発生した場合の関係者の法的責任」）では，刑事事件で刑事処罰の可否が問題となり，民事事件で金銭賠償責任の有無が問題となりますが，事案により，刑事と民事の結論がずれることもあります。

法的解説

1　刑事責任

業務上過失致死罪の成否が問題となるところ，上記①②判決に沿い，担当教諭Xと園長の刑事責任を解説します。なお，同罪は法人に適用されません。

(1)　裁判所の過失（注意義務違反）の考え方

上記②判決で，過失すなわち注意義務違反の考え方を明らかにしています。

裁判所は，「特定された過失内容について結果回避可能性が肯定されること，すなわち，行為者がその注意義務を履行することによって，実際に結果の発生を回避できたと認められることが必要とされる。そして，そのような注意義務を課すためには，当該行為者に注意義務を肯定するに足りるだけの予見可能性が必要であ」る，としています。言い換えると，過失が認められるには，例えばⅰ）きちんと監視する等の注意義務を果たすことで被害児童がプールで溺れることを避けられたといえる必要があり，さらにそのためには，ⅱ）溺れることが予想できなければならない，としているのです。

幼児において，数十センチ程度の低い水位でも溺れることがあることは十分予見できることでⅱ）は認められますし，いずれの判決でも肯定しています。

そこで，問題となるのはⅰ）となります。ⅰ）とは，つまり，どのような注意を払っていれば（注意義務を果たしていれば）溺死という結果を避け得たのかという問題であり，難しい問題をはらんでいます。施設事故の特徴（⇒Q8「保育事故の特徴」）として，「ひとつの事故では，関係者それぞれの不注意が重なって発生している」ことがほとんどで，関係者ごとに注意義務の内容を考えなければならないからです。

なお，その場に居合わせた教諭Aの刑事責任も問題となり得ます（実際③の民事裁判では争われています。）。

⑵　担当教諭Xの監視義務

プール事故に限らず，園児を担当する教諭については，直接園児を見ていることから，危険が予想できればその危険を排除できることが多いので，注意義務が肯定されやすいといえます。

例えば，園児が車道で遊んでいれば車に轢かれる可能性があるわけですから，車道で遊ばないよう指導して回避する注意義務があります。園児が園庭の木の高いところに登っていれば，落下してけがをする危険があるわけですから，すぐに木から降りさせる注意義務があることになります。これらの回避措置をとらなければ，実際に事故が起きた場合，注意義務違反として法的責任を問われることになります。

本件事故では，②判決において，以下のように述べてXの監視義務違反を認めています。

「園児らはいずれも3歳ないし4歳児であって，当時の水深程度であっても，プール活動中に溺れる危険性があ……ったのであるから，X教諭には，遊具の片付け作業の際には，本件プール内の園児が溺れていないか確認し，溺れた園児がいた場合には直ちに発見して救助できるように，常に本件プール内全体に目を配り，園児らの行動を注視すべき業務上の注意義務があった。それにもかかわらず，X教諭は，……遊具を入れる籠に受け取った遊具を入れたり……することなどに気を取られ，遊具の片付け作業の間，プール内全体に目を配らず，園児らの行動を十分注視せず，溺れた被害児童を見落としたまま放置した過失が認められる。」

⑶　園長の監督義務

園長のように直接現場を管理していない監督者については，現場で働く教諭・保育士に対する教育・指導義務違反と安全管理体制構築義務違反が問題とされます。そして，②判決では，園長の注意義務として，a）担当教諭Xに指導する義務と，b）複数監視体制構築義務の有無が争われました。

a）の指導義務の内容は，「「プール活動終了時の遊具の片付けをする際には，プール内の園児が見渡せるように，……プールの中央側に顔を向ける体勢で立った上，遊具を片付ける籠を体の前に持ってくる方法又はこれに類する方法」を十分に教示する」注意義務というもので，簡単にいうと，「プール方向を向いて片付けるという方法又はこれに類する方法を教示する」義務です。

この点について，②判決は，担当教諭Xが「なるべく園児ら全体に目を向けて見るよう努めていたつもりであったというにもかかわらず，被害児童が溺れていたことを見落としていたと認められるのである。……そうすると，(上記) 教示をしたからといって，これによって本件事故発生という結果が回避できたと認定することはできない。」として注意義務違反を否定しました。つまり一応は，プール方向を向いており，にもかかわらず見落としたのであるから，たとえプール方向を向いて片付けるよう指導しても事故は防げなかった，と認定されました。

さらに，b）の複数監視体制構築義務についても，②判決は，安全管理規程，安全標準指針及び慣行等に照らして，当時，プールの監視体制について，「幼稚園等のプールといっても，プールの規模が様々である上，監視の在り方にもばらつきがあったことが認められる。」として，注意義務を否定しました。これは，社会通念上，担当教諭にどのような注意義務が課されるべきかという問題で，規程や指針や慣行がその判断基準とされている部分が重要です。

以上のような判断から，②判決では，園長の責任を否定して無罪としました。

ちなみに，上記のb）複数監視体制構築義務については，平成23年当時の指針や慣行を前提に判断しているものです。

この事件を契機に，プール活動・水遊びの指針が見直され，厚生労働省から，平成26年６月20日付けで「児童福祉施設等においてプール活動・水遊びを行う場合の事故の防止について」が発出され，保育園等においては，「プール活動・水遊びを行う場合は，監視体制の空白が生じないように専ら監視を行う者とプール指導等を行う者を分けて配置し，また，その役割分担を明確にすること」とされました。

今後，同じような事故が発生した場合には，この指針等（その他，厚生労働省「保育所，地域型保育事業及び認可外保育施設においてプール活動・水遊びを行う場合の事故の防止について」（平成29年６月16日））が基準とされると考えられるので，園長の複数監視体制構築義務違反が肯定され，有罪となる可能性もあります。

2　民事責任

⑴　関係者の民事責任

民事裁判である③判決では，担当教諭Ｘと園長だけでなく，法人，主任教諭，別の年少組の教諭Ａの賠償責任が争われましたが，過失の有無の判断としては，①②判決の結論を踏襲しました。なお，教諭Ａや主任教諭の責任が問われているように，民事裁判では，関係者の責任が広く問われることが多いのが特徴です。これは，Ｑ８「保育事故の特徴」で説明したように，施設事故では，「ひとつの事故では，関係者それぞれの不注意が重なって発生している」という特殊性を内包しているからにほかなりません。

担当教諭Ｘと園長の注意義務違反については，おおむね前項で説明した刑事責任（①②判決）を踏襲しており，Ｘについて監視義務違反を肯定し，園長について，教示義務違反及び複数監視体制構築義務違反を否定しました。しかし，園長については，過失はないものの代理監督者責任が認められるということで賠償責任が認められていますが，これは次の項で解説します。

次に，Ｘの年少組と一緒に別の年少組をプール遊びさせ，先にシャワーを浴びさせていた教諭Ａについては，自分が担当する組以外の監視義務があるかどうかが争われました。しかし，③判決では，自分の担当する園児の面倒やプールサイドから転落しないように注意する必要があり，他の組まで監視することは事実上困難ということで，監視義務を否定しました。

さらに，主任教諭について，Ｘに対する指導・教示義務違反及び適切な配置義務違反も争われましたが，園長と同様に，いずれの責任も否定されました。

最後に，学校法人の責任ですが，従業員であるXの不法行為責任が認められていることから，使用者責任（民法715条１項）として賠償責任が肯定されています。

⑵　代理監督者責任

刑事責任と民事責任との比較において一番の違いは，園長の責任の有無です。③判決において，園長は，刑事責任は無罪とされながら，民事責任では，Xや法人と同様の賠償責任を負わされています。

これは，代理監督者責任（民法715条２項）というもので，実際上現実に使用者（法人）に代わって事業を監督する者である場合には，法人の使用者責任と同様の責任を負うという制度です。

このように，民事責任では，施設長自身の注意義務違反が否定される場合であっても，使用者責任と同様の責任を負わされる可能性があることに注意しなければなりません。

3　その他の問題点

本件事故の事故後の対応をみてみると，担当教諭Xは，被害児童が溺れていることに気付いた後，すぐに心肺蘇生をせずに事務所に行き，幼稚園としてもすぐに119番通報せずに，連絡を受けた園医から通報しています。

このように重大事故では，事故後の対応に不慣れであることから，適切な処置が行われないことがほとんどです。実際，③判決でも，事故後の対処が不適切であった点を指摘されています。事故によっては，適切に事故後の対処を施すことによって死に至らない場合も少なくありません。

重大事故は，頻繁に起きるわけでないことから，ほとんどの場合は，人生で初めて重大事故を目のあたりにし，パニックに陥り，対処が後手に回ってしまいます。

このようなことを防ぐには，普段から心肺蘇生術やAEDの使い方を習得しておくことはもちろんのこと，避難訓練と同じように，事故を想定して実際に119番通報や心肺蘇生を行ってみる事故シミュレーションを行うことが非常に有益です（⇒Q11「事故のシミュレーション」）。

保育事故における損害賠償額と災害共済給付

保育施設において事故が起きた場合，被害児童やその両親に対して，どれぐらいの賠償金を支払わないといけないのでしょうか。

また，保育事故が起きた場合に，日本スポーツ振興センターの災害共済給付金が支給されないケースは，どのような場合でしょうか。

Point

・事故の被害者が負った傷害の程度や過失の割合がポイントとなる

・独立行政法人日本スポーツ振興センターの災害共済給付においては，学校の管理下における災害である場合に，災害共済給付が支払われる

回　答

1　裁判例において認められた損害賠償額

保育事故が発生し，保育施設と保護者との間で示談が成立しない場合，保護者から，民事訴訟が提起される場合があります。保育事故について，高額の損害賠償責任が認められた近年の主な裁判例は表１及び表２のとおりです。

表１　死亡事例

1	高松地裁令和２年１月28日判決（判タ1477号178頁）
社会福祉法人が運営する保育所に入所中の児童（当時３歳）が，園庭に設置されていた雲梯のＶ字型開口部に頸部を挟まれて心肺停止状態となり，その後死亡した事案。園長及び担任保育士個人については過失が認められないとして不法行為責任が否定される一方で，社会福祉法人については組織体としての過失を認めた上で不法行為責任が認められた。	

<table>
<tr><td colspan="2">請求認容額：法人に合計3,145万8,121円</td></tr>
<tr><td>2</td><td>横浜地裁平成29年４月13日判決（裁判所ウェブサイト）</td></tr>
<tr><td colspan="2">幼稚園児（当時３歳）が，水深20㎝のプールで他の園児と遊んでいたところ，担当教諭が片付けで目を離してしまい，プール内でうつ伏せで発見され溺死した事案。担当教諭に監視を怠った安全配慮義務違反が認定され，園長個人に監督者の連帯責任と法人の使用者責任が認められた。
請求認容額：法人，園長，担任らに合計約6,300万円</td></tr>
<tr><td>3</td><td>那覇地裁平成25年４月30日判決（ウエストロージャパン）</td></tr>
<tr><td colspan="2">認可外保育施設の幼児（当時生後６か月）が，敷布団の上にうつ伏せにされたことで，窒息死した事案。保育従事者が幼児から目を離したことにつき，注意義務違反が認められ，園長の使用者責任も認められた。
請求認容額：園長，保育従事者に合計1,532万2,766円
※なお，７割の過失相殺を認めた。</td></tr>
<tr><td>4</td><td>福岡地裁小倉支部平成23年４月12日判決（判例秘書）</td></tr>
<tr><td colspan="2">認可外保育施設の園児（当時２歳）が園外保育中，送迎用自動車に取り残されて熱射病になり死亡した事案。職員２名に炎天下の自動車内に放置させないよう園児を降車させる義務違反，職員１名に同義務違反に加えて，捜索活動上の注意義務違反，職員１名に園児の所在確認義務違反を認定した。法人の代表取締役につき，園外保育の安全性を検証するための十分な確認を尽くすべき義務違反が認められ，法人の使用者責任も認められた。
請求認容額：従業員，代表取締役，法人に合計5,071万5,466円</td></tr>
<tr><td>5</td><td>さいたま地裁平成21年12月16日判決（裁判所ウェブサイト）</td></tr>
<tr><td colspan="2">認可保育所に入所中の児童（当時４歳）が保育所内の本棚の収納庫で熱中症で死亡した事案。保育士に動静把握義務違反及び捜索活動上の注意義務違反が認められた。認可保育所として設置し，運営・管理を行っている地方自治体の国家賠償法１条１項に基づく損害賠償責任が認められた。
請求認容額：地方自治体に合計3,347万4,690円
※日本スポーツ振興センター法に基づく死亡見舞金として両親が受領した合計2,800万円が控除された結果，上記の認容額となった。</td></tr>
<tr><td>6</td><td>千葉地裁平成20年３月27日判決（判時2009号116頁）</td></tr>
<tr><td colspan="2">幼稚園児（当時４歳）が園庭と用水路との間の生垣の隙間から用水路に転落して溺死した事案。園長及び教頭について安全対策義務違反，教諭らについて動</td></tr>
</table>

静注視義務違反が認められた。幼稚園の設置者である地方自治体の使用者責任も認められた。 請求認容額：園長，教頭兼教諭，教諭ら，地方自治体に合計3,333万5,297円 ※日本スポーツ振興センター法に基づく災害共済給付金として父親と母親が受領した合計2,800万円が控除された結果，上記の認容額となった。	
7	福岡高裁平成18年５月26日判決（判タ1227号279頁） （福岡地裁平成15年１月30日判決の控訴審）
保育園に入園中の生後４か月半の女児を園内に用意されていたベッドにうつ伏せに寝かせたために鼻口が閉塞して窒息死した事案。保育士に動静監視義務違反が認められた。また，法人の使用者責任も認められた。 請求認容額：法人，保育士に合計4,260万7,540円	

このように，死亡事故では合計5,000万円以上の賠償額が命じられることもあるほか，直接の担当者だけでなく，施設長などの管理者や法人までその責任を負わせられることが多いです。

表２　死亡事例以外

1	東京地裁平成19年５月10日判決（ウエストロージャパン）
（事案）幼稚園児（当時６歳）が遊戯中に舞台に顔面を強打し，４本の抜歯等のけが （請求認容額）法人に449万6,095円	
2	東京地裁八王子支部平成10年12月７日判決（判例地方自治188号73頁）
（事案）保育園児（当時５歳）が保育園で鬼ごっこ中に児童に押され玄関ポーチの角に前額部をぶつけ，前額部に長さ約３㎝の裂傷 （請求認容額）保育園を経営している地方自治体に457万2,378円	
3	和歌山地裁昭和48年８月10日判決（判時721号83頁）
（事案）保育園内において園児（当時６歳）が投げた板で園児（当時３歳）が右目を負傷 （請求認容額）加害児の両親，園長に各自50万円	

2　給付金が支給されない場合

このような高額賠償を負いかねない保育事故に備え，民間保険会社が扱う保育所のための施設賠償責任保険もありますが，多くの保育所は，独立行政法人日本スポーツ振興センターの災害共済給付に加入していると思います。

独立行政法人日本スポーツ振興センターは，義務教育諸学校，高等専門学校，幼稚園，幼保連携型認定こども園，保育所等及び特定保育事業の管理下における災害に対し，災害共済給付（医療費，障害見舞金又は死亡見舞金）を行っています。この給付金は，学校の管理下における災害にあたる場合に，支給されることになります。

したがって，学校の管理下における災害にあたらない場合には，給付金は支給されないことになります。例えば，保育所が業者等に保育室や講堂等を貸与して行われるバレエ教室，英語教室等に参加している間に事故が起きた場合には，学校の管理下における災害にはあたらず，給付金は支給されないことになります（独立行政法人日本スポーツ振興センター災害共済給付の基準に関する規程（平成15年10月１日平成15年度規程第６号）参照)。

法的解説

Q14で解説したとおり，保育事故では，子どもを直接に保育する者，その主任，園長，事業会社の経営者及び事業会社（法人）まで損害賠償責任の対象とされる可能性があります。なお，事故の発生について被害者である子ども側に過失がある場合には，過失相殺（民法418条，722条２項）によって，損害賠償責任が認められる金額が減少することにも注意が必要です。

例えば，**表１**の２の裁判例においては，原告である幼児の両親らには，幼児が極低出生体重児で，医師から入園をやめるよう忠告されていたにもかかわらず保育園に対して幼児の健康状況を具体的に説明していなかったことや，保育園への家庭生活調査票不提出の大きな過失があるとして，７割の過失相殺がなされました。

さらに調べるには

○　独立行政法人日本スポーツ振興センター「災害共済給付」（https://www.jpnsport.go.jp/anzen/saigai/tabid/56/default.aspx）

Q18 保育施設における犯罪と刑事責任

保育園で発生する犯罪には，どのようなものがあるのでしょうか。また，このような犯罪を防止するポイントと実際に発生した場合の注意点を教えてください。

Point

・保育園幼稚園内での犯罪類型を把握しておく

回　答

普段の報道を見ているだけでも，保育園関連の犯罪には，枚挙にいとまがありません。犯罪を行う主体と被害者で分類した場合，主に保育園内で発生している刑事事件の分類は以下のようになります。

	主体	被害者	態様	犯罪
1	従業員	園児	虐待	暴行罪・傷害罪・傷害致死罪
2			わいせつ行為	強制性交罪・強制わいせつ罪
3			重大事故（けがと死亡）	業務上過失致死傷罪
4		従業員	暴行	暴行罪・傷害罪・傷害致死罪
5			泥棒	窃盗罪
6		事業法人	金の流用	業務上横領罪

7			個人情報の利用	不正競争防止法違反
8	運営側（個人）	園児	重大事故	業務上過失致死傷罪
9		事業法人	金の流用	業務上横領罪
10		従業員	長時間労働	労働基準法違反
			残業代の未払い	
11		行政	助成金の不正受給	特別法違反・詐欺罪
12	事業法人	従業員	長時間労働 残業代の未払い	労働基準法違反
13	保護者	事業法人・従業員	SNSによる悪口の書き込み	名誉毀損罪・侮辱罪
14		園児	離婚係争中又は親権を持たない親による園児の連れ去り	未成年者略取罪
15	第三者	職員・児童	不審者による侵入と暴行	建造物侵入罪・暴行罪・傷害罪・殺人罪

上記のうち，園児の事故（3，8）については，Q19「園内事故と刑事責任」を参照してください。

上記7は，例えば，認可外保育所の顧客名簿を営業秘密として管理していた場合に，従業員が退職後に新保育園を設立し，その顧客名簿を利用して営業などをすると不正競争防止法違反として検挙される場合があります。

事業法人は，通常は，刑事罰の対象とはされないのですが，上記12のように，労働基準法違反などの特別法で，例外的に処罰される場合があります。

上記13は，保育園に不満を抱えた保護者が，SNSなどのサイトに，施設の悪口を書き込んだ場合などに問題となるもので，今後増えることが予想されます。

なお，上記の犯罪のうち上記3と8のみが不注意で起きる過失犯で，それ以外は，すべて故意犯ですので，すべて犯人が意図的に犯行を企てる場合といえます。

留意点

事故のような不注意による犯罪は，第2章及び第3章でも厚く論じているように，さまざまな対策が可能なのですが，他方，施設内で発生する犯罪の大半を占める故意犯では，人が意図的に犯罪を敢行しようとしているので，その対策は容易ではありません。

それでも，園児や従業員に対する犯罪を抑止するには，常に誰かに見られているという意識づけが重要であり，可能な限り，施設内において，防犯カメラを設置することは有効であると考えられます。

また，上記7の営業秘密である個人情報の利用は，従業員があまり罪の意識を感じないままに安易に行ってしまう傾向があることから，普段から研修などにより犯罪となり得ることを意識づけることが有効です。

また，労働基準法違反（上記10，12）については，昨今，非常に注目されている問題であり，労働基準監督署も厳しく取り締まっている分野です。保育業界は，子育てに関する業務であることもあり，昔から長時間労働が当然とされていた面も否定できないところであり，運営側がコンプライアンスを強く意識して改善をしていかなければなりません（⇒Q40「未払残業代をめぐる法的リスク」）。

法的解説

上記14の事例は，例えば，お母さんの監護下にある2歳児を保育園に通わせていた場合に，別居中のお父さんがその児童を保育園から連れ去った場合などに問題となり得ます。それほど多く発生する事案ではないのですが，保育園で預かっている期間中に夫婦間で離婚・養育問題が発生した場合に起こり得るものです。

保育園としては，夫婦間の離婚・養育問題の情報を入手することが難しく，実際にどちらが同居しているのか，又は監護権がどちらに帰属しているのかを確認しづらいことから，保育園としても対応に非常に苦慮します。

近年の裁判例によれば（最高裁平成17年12月6日決定（裁判所ウェブサイト）参照），離婚係争中の他方親権者の下で監護養育されて平穏に生活していた子を奪取して自分の事実的支配下に置いた行為について，子の監護養育上それが現に必要とされるような特段の事情は認められず，親権者による行為であるとしても正当なものということはできないとして，未成年者略取罪に該当するという判断がなされています。

保育園として，全く知り得ない事情の中で上記事案が発生してしまった場合にはやむを得ないですが，仮に，事前情報として離婚養育問題が発生している旨の情報を入手した場合には，両親と十分に意思疎通をする中で，園児がどちらの親の監護下にあるかを確認しつつ，慎重に両親と情報共有しながら園児の預かりと引き取りの対応をすることが求められます。

さらに調べるには

○　最高裁平成17年12月6日決定（裁判所ウェブサイト）

園内事故と刑事責任

最近，保育園での事故で警察が捜索や実況見分を行っているとの報道を見聞きします。保育園内で園児が事故でけがを負ったり，亡くなったりした場合に，どのようなことが行われ，誰がどのような刑事責任を負うのでしょうか。

Point

・賠償責任を問われる民事事件と刑罰を科され得る刑事事件とは，まったく別個の手続であり，両手続が別々に進行する。
・園内事故による刑罰は，法人に科されるものではなく，人（自然人）に科されるものである。

回　答

園内事故が起きた場合には，お金で賠償する損害賠償責任が問題となる民事責任（⇒Q17「保育事故における損害賠償額と災害共済給付」）と懲役刑・罰金刑などの刑罰が問題となる刑事責任があります。

民事責任は被害園児の親から請求された場合に問題となり，刑事責任は警察が捜査を開始した場合に問題となります。両方が問題とされる場合もあれば，どちらか片方のみが問題とされる場合もあり，これはケースバイケースです。

刑事罰は，基本的には自然人（生きている人間）に科されることが想定されており，両罰規定（法人を処罰するための規定）のある労働基準法（⇒Q20「労働基準法違反における行政対応・刑事責任」）などの特別法違反の場合を除き，株式会社や社会福祉法人などの法人に刑罰が科されることはありません。つまり，園内事故について法人が刑事処罰を受けることはありません。

そして，園内事故の場合，刑法211条に規定される「業務上過失致死傷罪」が成立するか否かが問題となります。刑法211条には，「業務上必要な注意を怠り，よって人を死傷させた者は，5年以下の懲役若しくは禁錮又は100万円以下の罰金に処する。」と規定されており，例えば，株式会社や社会福祉法人などが運営する保育園内の事故によって園児が死傷した場合には，担当職員・主任・施設長・役員・代表などの自然人が，この刑法211条によって，上記刑罰が科される可能性があります。

留意点

1　捜査のきっかけ

冒頭に書きましたが，あらゆる園内事故において刑法211条により処罰されるものではありません。いくつかのきっかけにより，警察において，当該園内事故が刑法211条に該当し得ると判断され捜査が開始された場合に，処罰の可能性が出てきます。

このきっかけとは，主に以下のものがあります。

①　死傷した園児の親からの被害届や告訴状などが警察に提出された場合
②　第三者による通報や報道などにより警察が当該事故を認知した場合
③　死亡事故では，変死体として司法警察員等による検視が実施された場合

告訴とは，被害者において捜査機関に犯罪を申告し処罰を求める意思表示であり，受理されれば，証拠書類や証拠物の検察官への送付義務が生じるため，事実上，捜査機関による捜査を促進させることができます。

死亡事故の場合には，刑事事件として，警察による捜査が実施されることが多く，傷害事故の場合には，①がなければ，捜査されることは多くはありません。

2　捜査・裁判の流れ

警察による捜査が開始されると，現場の実況見分，被害児童あるいは被害児童の親からの事情聴取，担当職員・主任・施設長・役員・代表からの事情聴取が実施されるほか，施設の捜索などが行われます。

そして，この捜査により，「業務上必要な注意を怠り，よって人を死傷させた者」に該当すると判断された担当職員・主任・施設長・役員・代表につ

いて，警察が，検察庁に業務上過失致死傷事件として事件を送致・送付します。なお，上記のとおり，被害児童の親により告訴された者は，法律上，必ず業務上過失致死傷事件として，捜査のうえ，検察庁に送付されることになります。

園内事故が警察による捜査を経て，業務上過失致死傷事件として検察庁に送検・送付されると，検察官において補充捜査を行い，起訴・不起訴の判断がなされます。そして，起訴の場合には，罰金刑が相当であると判断され書類審査で済む略式裁判の場合と，体刑（懲役刑・禁錮刑）が相当であると判断され公開で行われる正式裁判の場合があります。略式裁判では，決定で出された罰金を納付すれば終わりますが，正式裁判の場合には，公開法廷で裁判を受けることになるので，一般的には，弁護士を依頼して裁判を受けることになります。なお，罰金刑であっても科されれば前科となります。

正式裁判では，検察官が請求した証拠の取り調べ等の審理を行い，最終的に裁判官が有罪か無罪かの判断をし，有罪である場合には，刑罰の量刑を判断されます。

3　保護者対応と告訴

保育園での深刻事故の事例を見てみると，保護者に対する対応で信頼関係を決定的に壊してしまって，告訴される事例が多いです。

子どもが被害に遭った保護者は，密室ともいえる保育園内でいったいどのような事故が発生したのか，原因は何なのか，その真実を知りたいと思います。このような保護者に対して，隠蔽・隠匿などをすれば，その時点で保護者との信頼関係は一気に破壊され，それ以上の説明もすべて信用されず，最終的に告訴に至るというケースが多いように思います。

したがって，園内事故の場合，このような保護者の要望をきちんと受け止め対応することが求められますが，重い事故であればあるほど，行政対応，警察対応に忙殺され，職員との情報共有もできず，保護者対応が後回しになりがちなので留意が必要です。

法的解説

園内事故で職員や役員が刑罰を問われる場合，刑罰を科されるか否かは，その者に「注意義務」違反があるか否かが大きな分水嶺なのですが，この

「注意義務」には，大きく分けて二つあります。

被害児童が事故に遭わないように直接的に監視すべき地位にあった職員（有資格者・無資格者を問いません。）の場合には，「監視義務」という注意義務が問題となり，その保育者を監督すべき地位にあった者（主任責任者，園長，役員等）の場合には，「監督義務」が問題とされます。

一般に，刑事責任の追及は慎重になされることから，刑事責任を問われ得る「監視義務」及び「監督義務」は，損害賠償責任の有無を判断する民事事件の場合に問題とされる「安全配慮注意義務」よりも狭いとされています。

さらに調べるには

○　裁判所ウェブサイト「刑事事件」（裁判所トップページ>裁判手続案内>裁判所が扱う事件>刑事事件）

労働基準法違反における行政対応・刑事責任

労働条件は使用者と労働者が合意して定めるものであって，当保育所と保育士が合意している以上，どのような労働条件でもよいのではないでしょうか。また，労働基準法に違反した場合には，どうなるのでしょうか。いきなり刑罰を科されるのでしょうか。いきなり刑罰を科されるわけではないのであれば，是正勧告等を受けてから是正すれば大丈夫でしょうか。

Point

・労働基準法は強行法規であり，使用者と労働者との間で合意をしたからといって，労働基準法の適用を除外することはできない
・労働基準法違反については，一般的には，悪質で重大な違反でない限りは，いきなり刑罰を科されるのではなく，まずは労働基準監督署(官)による是正勧告や指導の対象となる
・保育所の社会的評価への影響を考慮すると，是正勧告や指導の対象となる事態も避けるべきであり，日常的に労務管理をしっかりと実施すべきである

回　答

1　はじめに

労働基準法は強行法規であり，使用者と労働者との間で合意をしたからといって，労働基準法の適用を排除することはできません（労働基準法13条)。

そして，労働基準法は，罰則を定めているため，労働基準法に違反すると，刑罰を科される可能性があります。

ただし，一般的には，悪質で重大な違反でない限りは，いきなり処罰の対象となるのではなく，まずは労働基準監督署（官）による是正勧告や指導の対象となります。

是正勧告等は行政指導であり，これに従わないからといって，何か法的な不利益が課されるわけではありません。通常は，是正勧告等に従って改善をすれば，問題はありません。

しかし，だからといって，是正勧告等を受けてから改善すればよいので労働基準法に違反してもよい，ということにはなりません。

繰り返し労働基準法に違反している場合や，重大な違反である場合には，行政機関の対応は厳しいものとなります。つまり，必ずしも是正勧告等で済むとは限らず，過去に繰り返し労働基準法に違反した事実がある場合や，重大な労働基準法違反である場合には，いきなり刑事責任を追及されてしまう場合もあります。

また，刑事責任を追及されなければよい，ということでもありません。是正勧告等を複数回受けるような事態となると，仮に刑事罰を科されなかったとしても，保育所の社会的な評価が著しく下がることになりかねません。

加えて，今日においては，厚生労働省が平成28年12月26日に「過労死等ゼロ」緊急対策を公表し，そこでは，是正指導段階での企業名公表制度の強化がうたわれていたり，実際に，違法な長時間労働を繰り返した企業が是正勧告書の交付段階で公表される事例が発生しているなど，労働基準法違反に対する世間の関心が高まるとともに，行政による取締りも厳しくなっており，今後も，より厳しいものとなっていくことが予想されます。そして，是正勧告を受けた事実が公表されるなどして一度ブラック企業というイメージが世間的に付いてしまうと，そのイメージを払拭することは極めて困難です。

よって，是正勧告等を受けてから改善すればよいと安易に考えるのではなく，労働基準法違反がないかといった労務管理を日常的に行うことが望ましいです。

2　労働基準監督署（官）による調査について

労働基準監督署は，労働基準法等の法律について，使用者（企業等）に対する指導，取締り，事務処理などを行っています。労働基準法に関して第一線の監督行政を担う機関が労働基準監督署であり，実際にはそこに配置された労働基準監督官が労働基準法の監督行政の第一線を担うことになります。

労働基準監督署（官）による調査には大きく分けて，定期監督（対象企業を無作為に抽出して行い，通常その年度における重点取締り業種や，特定の商業施設（新設のビル等）を調査対象として行われるもの）と申告監督（従業員やその家族等による，社内における法違反等の申告を受けて行われるもの）があります。

調査の対象となった際に用意すべき資料や調査項目については，全国的に統一的なルールはないといわれています。

ただ，定期監督においては，一般的に，①労働者名簿，②就業規則，③出勤簿，タイムカード，時間外・休日労働の記録，④賃金台帳，⑤36協定届，⑥その他労使協定及び協定届の控え，⑦年次有給休暇付与台帳，⑧定期健康診断結果個人票といった資料が必要とされます。

これらの資料を調査した結果，労働基準監督官が法違反があると認めた場合には，是正勧告の対象となり，法違反とまではいえないが，改善すべき事項がある場合には，指導の対象となります。したがって，保育所としては，これらの資料について，適切に作成，整備，管理しているかどうかを事前に確認することが重要です。

他方，申告監督による場合には，申告のあった法違反に関する資料の提出を求められることになります。

3　労働基準監督署から検察庁に送致されないために

労働基準監督官が悪質で重大な法違反であると判断すれば，労働基準監督署から検察庁に送致され，刑事事件となります。労働基準監督署から検察庁に送致される事件の主なものとしては，①賃金不払を繰り返したもの，②従業員に重大，又は悪質な賃金不払残業（いわゆるサービス残業）を行わせたもの，③偽装請負が関係する死亡災害等の重篤な労働災害が発生した場合，④外国人労働者（外国人技能実習生を含む。）についての重大，又は悪質な労働基準関係法令違反等があった場合，⑤いわゆる「労災かくし」（労働者死傷報告の不提出，虚偽報告）があった場合などが挙げられます。

検察庁に送致され，刑事事件となると，半年～１年間に１社で社長から従業員まで50人が供述調書をとられたといったケースもあるといわれており，刑事責任を問われ得るだけでなく，日常の業務にも支障をきたす事態になりかねません。保育所としては，もちろん，労務管理全般について日常的にきちんと実施するに越したことはありませんが，このような事態を招かないように，最低限，上記①～⑤の類型の法違反を犯すことは避ける必要があります。

さらに調べるには

○　厚生労働省「『過労死等ゼロ』緊急対策」(https://www.mhlw.go.jp/kinkyu/dl/151106-03.pdf)

※ 保育コラム

重大事故と保護者対応の留意点

保護者は，保育園・幼稚園を信頼して，１日の大半を過ごす保育園・幼稚園に子どもを預けます。もちろん，保護者は，自分の子どもが園で重大事故に巻き込まれることは想定していません。しかし，保育園・幼稚園という施設では，多数の子どもを多数の職員が組織的に預かる形態であることから，どうしても関わる職員らの不注意が重なって大きな事故が起こり得ます。あってはならないことですが，保育園・幼稚園での重大事故は，全国で起きているのが実情です。

実際に重大事故が起きてしまった後，保護者が一番に求めるものが何なのかについて，考えたことのある保育事業者は，少ないのではないでしょうか。

もちろんさまざまなことが考えられますが，私の経験上，保護者は，事故を起こしたことに対する怒りだけでなく，保育施設内で一体何があったのかという事故の真実を知りたいと思う方が大半ではないでしょうか。保護者から見れば，密室ともいえる保育施設内で，どのような経緯・原因でその事故が起きてしまったのか，まずそれを知りたいというのが本心だと思います。

だからこそ，保護者との信頼関係は，事故を起こしたこと自体というよりも，事故後の保護者への不誠実な対応，すなわち，嘘の説明をし，又は事実を隠すなどすることによって決定的に決裂してしまうことのほうが圧倒的に多いと感じます。

実際に重大事故が起きると，施設長や理事長などの施設責任者が保護者対応をすると思います。しかし，この施設責任者が事故現場を見ていることはほとんどなく，事実確認が不十分のまま説明を始めてしまうことで，不正確・曖昧な説明に終始するとともに，責任回避の感情も相まって，結果として，保護者からは，事実の「隠蔽」や「虚偽」の説明とみられてしまうことになります。

事故直後は，事実解明の調査（⇒Ｑ９「保育事故における事故調査のポイント」）が進んでいないこともあることから，判明している事項と判明していない事項をきちんと区別し，判明している事項についてを保護者に説明し，判明していない事項については調査中であって判明次第説明することを，丁寧に説明することが重要であると思います。

第3章

園内事故の現状と類型

Q21「不十分な点呼」による閉じ込め事故と置き去り事故

送迎バスでの「閉じ込め事故」や園外保育での「置き去り事故」の対策としてどのような点に注意すればいいでしょうか。また，法的責任についても教えてください。

Point

・「不十分な点呼」は，園児の命を失わせる危険がある
・経営者は，日常的に「置き去り事故」が起きている可能性にも配慮し，職員に対し，適切な点呼を行うよう指導・教育すべきである

回　答

1　再発する送迎バスの閉じ込め事故

2022年９月５日，静岡県牧之原市内の認定子ども園の送迎バスに３歳女児が閉じ込められ熱射病で死亡するという痛ましい事故が起きました。しかし，このような閉じ込めによる死亡事故は，保育園等において，過去，たびたび発生しています。

リーディングケースは，2007年７月に福岡県北九州市内の認可外保育園で発生した，園外保育で使用していた送迎用自動車に２歳男児を閉じ込めて熱射病で死亡させた事件です。これについては，関係者の刑事責任と民事責任の両方が問われています。

さらに，2021年７月にも，福岡県中間市内の保育園での送迎バスに５歳男児を閉じ込めて熱射病で死亡させる事件も起きており，これについても，園長と保育担当者の刑事責任が問われています。

発生時期	閉じ込め事故の概要
2007年7月	・北九州市の認可外保育園 ・園外保育の帰りの送迎用自動車内で，確認不足により2歳児を置き去り，おやつの時間まで約4時間，車内に放置し，熱中症により死亡させた。
2021年7月	・福岡県中間市の認可保育園 ・登園時の送迎バス内で，確認不足により5歳児を置き去り，欠席と勘違いしたまま降園時までの約9時間，車内に放置し，熱中症により死亡させた。
2022年9月	・静岡県牧之原市の認定こども園 ・登園時の送迎バス内で，確認不足により3歳児を置き去り，欠席と勘違いしたまま降園時までの約5時間，車内に放置し，熱中症により死亡させた。

2 「閉じ込め事故」の背景・原因

これら閉じ込め事故の原因としては，当然，降車時点での点呼漏れを指摘できますが，死亡事故の原因は，降車時の点呼漏れだけではありません。仮に降車時に車内に園児を置き去りにしたとしても，例えば施設内の点呼で置き去りに気付けば，死亡事故には至りません（⇒Q8「保育事故の特徴」）。いずれの事件も4～9時間という長時間，施設内で園児がいなくなったことに気付かない状態が継続されている状況も，死亡事故の原因の一つとして指摘できます。

つまり，置き去り事故の根本的な原因として，以下の点を指摘できます。

・送迎バスの降車時の点呼漏れにとどまらず，園児を預かる全時間帯で十分な点呼が行われていなかったのではないか？

・職員に「不十分な点呼」に対する危機感が乏しかったのではないか？

・法人代表や施設長は，園児の命にかかわる「点呼」について，職員に十分な指導・教育を行っていなかったのではないか？

3 「置き去り事故」

保育園や幼稚園では，ルーティンワークとして点呼を日々行っていますが，「不十分な点呼」は，園児の命を失わせることに直結し得るという危機感を役職員全員が持つ必要があります。

そして,「不十分な点呼」は,送迎バスの置き去り事故を引き起こすだけにとどまりません。特に,「不十分な点呼」は,公園などへの園外保育においても,園児を公園などに置き忘れる「置き去り事故」を引き起こします。置き忘れられた園児は,公道に出て交通事故に遭う,池に落ちる,高いところから落ちる,不審者に連れ去られる等の深刻な事故に巻き込まれるリスクが高いです。

「閉じ込め事故」も「置き去り事故」も,その原因となる根っこは,「日常的な点呼に対する意識の甘さ」や「不十分な点呼」であり,そのような状態を改善できなかった施設長や法人代表の管理監督責任が問われる部分でもあります。

留意点

一部のマスコミでは,東京都において,2017年度から2020年度までの4年間で94件の置き去り事故が報告され,2021年度には78件の置き去り事故が報告されているとの報道をしています。

現状,置き去り事故の自治体への報告義務までは課されていないことから,報告されていない「閉じ込め事故」「置き去り事故」が多数存在していることは想像に難くありません。

かく言う筆者（岩月）も,過去,1歳半の長男を預かり保育に頼んだところ,公道に面する公園で置き去りにされ,近くの女性が長男を保護してくれ警察官に引き渡された経験があります。

保育園や幼稚園の経営者は,「閉じ込め事故」「置き去り事故」は,いつでも起き得る事故であるという危機感を持つことが重要です。

法的解説

北九州市内の前記閉じ込め事故の場合,刑事裁判では,送迎担当の保育関係者2名に対し,業務上過失致死罪により禁錮1年及び執行猶予3年の禁錮刑が,送迎担当でない保育関係者2名に対し,業務上過失致死罪により罰金刑が科されました。民事裁判では,関与した保育担当者らに対し降車させる義務違反又は帰園後の所在確認義務違反を,また代表取締役に対し安全管理対策義務違反を認定し,同人ら及び会社に対して,約5000万円の損害賠償請求が認められています。

また，中間市内の前記閉じ込め事故では，刑事裁判として，業務上過失致死罪により，園長に対し禁錮２年及び執行猶予３年，保育担当者に対し禁錮１年６月及び執行猶予３年の禁錮刑が科されました。

こういった閉じ込め事故や置き去り事故では，刑事事件であっても，民事事件であっても，自動車の降車時の点呼漏れをした担当者のみを対象とすることはなく，帰園後の施設内での点呼担当者や上位者である管理監督者も含めて責任対象として検討することになる点に特徴があります。

なお，幼稚園や保育園の送迎バスについては，2022年９月の牧之原市での送迎バス置き去り事故を契機に，2023年４月１日から，全国の保育園，幼稚園及びこども園等において，送迎バスに置き去り防止を支援する安全装置の設置義務が事業者に課されることになりました。

さらに調べるには

○　送迎用バスの置き去り防止を支援する安全装置の仕様に関するガイドラインを検討するワーキンググループ「送迎用バスの置き去り防止を支援する安全装置のガイドライン」（令和４年12月20日）

○　厚生労働省子ども家庭局総務課少子化総合対策室等「こどもの出欠状況に関する情報の確認，バス送迎に当たっての安全管理等の徹底について」（事務連絡　令和４年11月14日）

○　内閣官房等「こどものバス送迎・安全徹底マニュアル」（令和４年10月12日）

Q22 誤嚥事故の特徴と対応

保育園で園児が食べ物をのどに詰まらせる事故をニュースで見ることがあります。このような事故が起きる背景にはどのような問題があるのでしょうか。またどうしたら事故を防げるのでしょうか。

Point

・乳幼児における誤嚥事故の実態を知る
・窒息・誤嚥事故の特徴を学ぶ

回　答

1　園内における窒息事故の背景

例えば，食事に関していうと，乳幼児にとって「食べることは命懸けである」といわれたりします。このようなことがいわれるのは，乳幼児が食べ物によって窒息事故を起こしやすい現実があるからにほかなりません。

食事に限らず，保育施設等において，園児の窒息事故が絶えない要因の一つに，保育従事者において，誤嚥・誤飲事故に対する理解が十分にないことが挙げられます。しかし，これは単に保育職員を責めて済む話ではありません。この問題の根本には，職員に乳幼児を預かる業務をさせておきながら，誤嚥・誤飲事故の教育を職員に十分に施さない運営事業者側に大きな問題があるといわざるを得ません。

そして，職員にこのような理解がないまま，漫然とハイムリッヒ法などの応急手当の研修を受けさせても，その効果は限定的で，危機感も十分ではなくすぐに忘れがちです。普段から保育施設等で研修をさせていただいている我々も，幹部・職員の方々における，乳幼児の誤嚥・誤飲事故に対する知識が圧倒的に不足していると感じます。

2　誤嚥・誤飲事故の実態や知識を習得する教育

職員に応急処置などを身につけさせることは，もちろん必須ですが，それと同時に，職員に対する，誤嚥・誤飲事故の実態や知識を身につける機会を定期的に持つ必要があります。

3　事故事例によるグループワーク

保育施設における事故の予防や対応を習得するには，事故事例を教材に原因や何をしていれば事故を防げたかを考えるグループワークが非常に有効です（⇒Q８「保育事故の特徴」）。

保育事故では，裁判における判決及び第三者委員会による調査報告書により事実関係を詳細に知ることができるので，これらの事実関係を利用して職員にグループワークをしましょう。

保育施設での誤嚥事故の場合

・平成22年10月29日に愛知県碧南市内の「かしの木保育園」で発生した誤嚥事故

・平成24年７月17日に栃木市立「はこのもり保育園」で発生した誤嚥事故

などがあり，公開された報告書によって詳しい事実関係がわかるようになっています。また，新聞などの報道によっても誤嚥事故の内容を知ることができます。

留意点

厚生労働省による人口動態統計による５歳未満の乳幼児の窒息死亡人数は以下のとおりです（上段が０歳，下段が１～４歳）。胃内容物の誤嚥では１歳児

表1

	R 1	H30	H29	H28
胃内容物の誤嚥	17件 3件	14件 6件	12件 8件	19件 7件
気道閉塞を生じた食物の誤嚥	3件 6件	2件 6件	4件 8件	10件 6件
気道閉塞を生じたその他の物体の誤嚥	6件 6件	4件 1件	5件 3件	3件 2件

以上よりも０歳児が多いのに，食物の誤嚥になると逆転しているのがわかります。

また，東京消防庁管内（東京都のうち稲城市及び島しょ地区を除く地域）の令和元年から令和３年までの３年間における，０～５歳までの乳幼児の窒息・誤飲による救急搬送状況は以下のとおりです。なお，搬送人員は，０歳児が最も多く成長とともに減少し，原因の１位が食品・菓子，２位が玩具となっています。

表２

	乳幼児数	一日平均
令和２年	1,113人	3人
令和３年	1,174人	3.1人
令和４年	1,051人	2.9人

このように，東京都内だけでも毎年1,000人以上の乳幼児が窒息・誤飲により救急搬送されており，乳幼児の窒息事故について，毎年同様の傾向が続いています。つまり，毎年同じ年齢の乳幼児が同じような窒息・誤嚥・誤飲を起こしているということです。

職員に対する教育では，このような窒息・誤嚥事故の新しい情報を継続的に提供することが有効です。

法的解説

【過去の事故事例から見えてくる誤嚥事故の特徴】

1　誤嚥事故の発生と119番通報までのタイムラグ

過去の誤嚥事故を分析していると，ある特徴が見えてきます。

それは，誤嚥に気付いてから119番通報をするまでに，必ず数分以上のタイムラグが発生していることです。つまり，すぐに119番通報をしていないのです。

このように119番通報が遅れる理由は，さまざまな事情が考えられます。「初めての経験で対応できなかった」，「すぐに除去できると思った」，「勝手に119番通報することに躊躇した」など，パニック・大きな事故にならないという期待・自己保身の感情などさまざまな思いを抱えながら，とっさに職員らだけで対応しているうちに，119番通報が遅れていくのだと思います。

他方，令和３年における東京都内の救急車の平均到着時間は７分20秒です。また，心肺停止後では除細動が１分遅れるごとに救命率は７～10％低下していくといわれています。

つまり，誤嚥事故では，数分のタイムラグでさえ乳幼児の命を危険にさらしていることがわかります。

誤嚥事故が発生した場合，窒息原因の除去と同時に119番通報の手配をすることが必須であり，的確に心肺蘇生等の実施をするべきといえます。

保育事故が発生した場合の運営事業者や職員の法的責任（⇒Q14「重大事故が発生した場合の関係者の法的責任」）の観点からは，事故が発生した後の対処が適切ではなかった場合にも，適切な事後対処が実施されていれば事故を回避できたとして，法的責任が発生する場合もあるので注意が必要です。

2　落ち着いて食べる

過去の誤嚥事故では，何かを口に入れて騒いだり，泣きながら食べていたりしているときに，誤嚥事故が発生していることが散見されます。乳幼児は，泣いたり，驚いたり，騒いでいる拍子に，口の中の物を気管に詰まらせてしまうことがあります。

座って落ち着いて食事をするというのは，マナーだけの問題ではなく，安全という観点からも求められているということを改めて職員に周知するべきです。

さらに調べるには

○　厚生労働省ウェブサイト「人口動態調査」

○　東京消防庁「乳幼児の窒息や誤飲に注意！」

○　総務省「令和４年版　救急救助の現況」（令和５年１月18日）

○　はこのもり保育園誤嚥事故調査委員会「事故調査報告書」（平成24年11月26日）

○　愛知県碧南市「かしの木保育園における事故報告書」（平成23年12月）

○　かしの木保育園死亡事故第三者委員会「碧南市『保育事故』第三者委員会報告書」（平成25年２月）

Q23 水の事故と対策

当園では，夏になると，園児15名くらいが入れる大きなプールを使用して，水深30㎝くらいで水遊びを実施しています。園児による水の事故にはどのようなものがあり，どのような点に注意すればよろしいでしょうか。

Point

・水深20㎝でも園児が溺死する可能性がある
・国の通知の周知徹底し，十分な監視体制を構築する必要がある

回　答

子どもにとって，水に親しむことのできるプール遊びは貴重な経験であり，子どもたちも大好きな遊びです。夏場になると，プール等での水遊びを企画する保育・幼稚園も多いと思います。しかし，毎年のようにプールや水遊びでの事故が発生しており，保育・幼稚園関係者においても，その危険性を再認識し，安全に楽しくプール遊びや水遊びを行える環境作りを構築する必要があります。自治体による事故調査報告書，判決及び報道において確認された近年のプール遊びでの園児の溺水による重大事故は次のとおりです。

表１

	発生日	場所	施設	年齢	結果	プール
1	平成23年 ７月11日	神奈川県 大和市	幼稚園	３歳	溺死	415×457㎝の円形 水深約20㎝
2	平成24年 ７月２日	世田谷区	認可外保 育	２歳	意識不明	10mプール 水深約70㎝
3	平成24年 ８月23日	茨城県五 霞町	認可外保 育	３歳	溺死	ビニールプール 水深23.5㎝
4	平成25年 ７月２日	豊橋市	幼稚園	４歳	溺死	7.5×3.3mの樹脂製 水深約30㎝
5	平成26年 ７月30日	京都市	認可保育	４歳	低酸素脳 症で死亡	580×254㎝の樹脂製 水深23～25㎝
6	平成28年 ７月11日	那須塩原 市	認定こど も園	５歳	意識不明	5.5×9.5mのコンク リート製 水深48～64㎝
7	平成29年 ８月24日	さいたま 市	認可保育	４歳	意識不明 後に死亡	６m×4.7mの木板 水深24～66㎝

＊なお，上記５の調査報告書では，「児童が仰向けで水に沈んでいた原因が『溺れた』『転倒』『熱中症』等さまざまな原因が考えられ断定できない」旨報告しているが，本稿では，仰向けに水に沈み呼吸停止で発見された状況を捉え「溺水」と分類している。

上記事例をみると水深約20㎝から溺水事故が発生している点に注意が必要です。上記事例の担当職員らは，数十センチという水深で子どもが溺れるわけがないという油断から，子どもたちから目を離してしまったことが推測されます。水深が低いからといって油断して水遊びの監視を怠ることがないよう十分注意する必要があります。特に経験の浅い職員の場合には，このような事実を知識として知らない方もいますので，普段から事故の知識を習得できるような安全管理研修を行うことが有用です。

留意点

事故調査報告書や判決で事案の詳細のわかる上記１，３，５，６，７の事例をみると，担当職員が子どもから目を離し監視義務を怠ったことだけを問題にしているのではなく，施設（事業責任者）として十分な監視体制を構築していなかったことも大きな問題とされています。

監視体制の具体例は「保育所，地域型保育事業及び認可外保育施設においてプール活動・水遊びを行う場合の事故防止について」（厚生労働省：平成29年6月16日付け）に示されていますが，例えば，監視業務と指導業務の役割分担をして監視に専従する者を指定することとされています。また，職員に対し，プール活動・水遊びの監視の際に見落としがちなリスクや注意すべきポイントについて，以下の事項の事前教育を十分に行うこととされています。

① 監視者は監視に専念する。

② 監視エリア全域をくまなく監視する。

③ 動かない子どもや不自然な動きをしている子どもを見つける。

④ 規則的に目線を動かしながら監視する。

⑤ 十分な監視体制の確保ができない場合について，プール活動の中止も選択肢とする。

⑥ 時間的余裕をもってプール活動を行う。　　など

さらに，プール事故に限りませんが，このような重大事故では，緊急事態への備えが十分ではなく，迅速な救命措置が行えていない場合が多く留意が必要です。そして，ほとんどの職員は，子どもの重大事故の経験がありませんから，いざ重大事故が発生すると，どうしていいかわからないという焦り，重大な事態に陥っていないでほしいという期待，自分たちで何とかしたいという望み，大事にしたくないという防衛本能など，さまざまな感情から119番通報が遅れる傾向にあります。事故後の対応については，普段から，事故シミュレーションを実施して，重大事故が発生した場合の対応を練習しておくことが有用です（⇒Q11「事故のシミュレーション」）。

法的解説

保育士，保育従事者，施設長，保育事業者（以下「保育関係者」といいます。）などが，プール活動において，子どもに対し，どのような法的義務を負っているのかについて，理解している方々は少ないと思います。しかし，法的義務を負っているということは，その義務に違反すれば，賠償責任を負わされ，場合によっては刑罰を科される可能性があるということです。

プール活動で子どもについて保育関係者が負う法的義務は，状況に応じて，かつ社会情勢にも応じてさまざまですが，一つの指標になるのは，下記の「さらに調べるには」に記載した国からの各種通達やガイドラインなどです。

国として，保育の安全管理に関し，しなければならないこととして指示している事項，あるいは推奨している事項があるにもかかわらず，これを怠り，預かった子どもに重篤なけがを負わせることがあれば，裁判では，法的義務に違反したと評価される可能性が高くなります。

安全管理に関し，これまで国や地方自治体から示された通達やガイドラインを保育にあまり反映することができなかった保育事業者の方々は，今一度，これら通達等を再確認し，職員間で情報共有し，対策を講じていく必要があります（⇒Q15「重大事故の法的責任とガイドラインの関係」）。

さらに調べるには

○　内閣府「幼保連携型認定こども園においてプール活動・水遊びを行う場合の事故の防止について」（平成29年6月16日）

○　内閣府・厚生労働省・文部科学省「教育・保育施設等における事故防止及び事故発生時の対応のためのガイドライン」（平成28年3月31日）

○　厚生労働省「保育所，地域型保育事業及び認可外保育施設においてプール活動・水遊びを行う場合の事故の防止について」（平成29年6月16日）

○　スポーツ庁「水泳等の事故防止について」（令和5年4月27日）

○　消費者安全調査委員会「幼稚園におけるプール活動・水遊びを行う際の安全管理に係る実態調査の結果について」（平成28年5月20日）

○　消費者安全調査委員会（動画）「幼稚園等のプール活動・水遊びでの溺れ事故を防ぐために」（令和3年4月）

Q24 アレルギー事故の特徴と予防策

最近，アレルギー事故のニュースをよく見ます。運営している保育園でも，アレルギーの児童が増えてきました。どのような点に注意すればよいでしょうか。

Point

・アレルギーに対する正確な知識を習得する
・誤配食を予防する体制を構築する

回　答

アレルギー事故は，死亡という最悪の結果を招きかねない危険な事故です。しかも，アレルギー疾患を有する児童が年々増加傾向にあり，保育所でもその対応に追われています。

厚生労働省は，「保育所におけるアレルギー対応ガイドライン」を公表しており，保育所でもこれに沿ったアレルギー対策が求められます。

特に以下の対策がポイントといえます。

① アレルギー対策を念頭に置いた献立
　・そば，ピーナッツ，ナッツ類はアレルギー症状が重篤になる傾向があることから，新規にアレルギー症状を誘発する危険が高い材料は避ける
　・混入（コンタミネーション）を避けるための作業動線や作業工程の工夫を献立時に考慮する
② 自宅で摂ったことのない食物は保育所では与えない
③ アレルギー食品は，完全除去を基本とする
④ 加工食品の原材料をよく確認する

⑤　保育所職員による誤食予防の体制作り

・職員全体の食物アレルギー及びアナフィラキシーに対する知識の習得，当事者意識の向上，誤食予防の体制作り

・アレルギー情報及び除去食情報の職員間の共有。誤配食を防ぐための二重チェックと容器の区別

⑥　イレギュラーな人員配置のある場合には，誤配食の危険があるので要注意

・急なシフトチェンジや配置換え，イベント行事など，普段と異なる業務をする場合には，誤配食が起きる傾向が高いので注意が必要

⑦　保護者との連携

・乳幼児の食生活の基本は家庭にあり，アレルギー情報について保護者と緊密な情報共有が必要

留意点

食物アレルギーは，生活の基本である食事で摂取した特定の食物を原因として，さまざまな症状（アレルギー反応）を引き起こすもので，なかにはアナフィラキシーショックに進むものもあります。「アナフィラキシー」とは，アレルギー反応により，皮膚症状，消化器症状，呼吸器症状が複数同時にかつ急激に出現した状態をいい，その中でも，血圧が低下し意識レベルの低下や脱力をきたすような場合を特に「アナフィラキシーショック」と呼び，直ちに対応しないと生命に関わる重篤な状態となることがあります。

上記ガイドラインでは，「症状チェックシート」を用いるなどして，緊急性の高い症状の有無を判断した上で，以下の対応が推奨されています。

【グレード1】全身の症状，呼吸器症状等の緊急性の高い症状がみられない。少なくとも1時間は，5分ごとに症状の変化を観察し，安静にし，注意深く経過観察する。

【グレード2】呼吸器症状がみられ，又は全身性の皮膚症状若しくは中等度の消化器症状等が出現する。預かっている場合は，内服薬を飲ませ，エピペン®を準備し，速やかに医療機関を受診する。

【グレード3】アナフィラキシー症状を発現する。ただちにエピペン®を使用して救急車を要請し，医療機関へ搬送する。

法的解説

1　実際に発生したアレルギー死亡事故

参考になるアレルギー事故としては，平成24年12月20日に調布市立富士見台小学校５年生の児童（女子）が，給食を食べて食物アレルギーを発症し，アナフィラキシーショックの疑いで死亡した事件があります。

公表されている調査報告書によれば，この児童は，乳製品に対するアレルギーを有しており，除去食であるチヂミを食べた後，日直がクラス全体に勧めた余った粉チーズ入りのチヂミをお代わりしてしまい，アナフィラキシーショックを起こしました。なお，担任は，お代わりの時に，この児童に「大丈夫か？」と確認し，児童も母親がアレルギー食品をマーキングしているはずの献立表を確認しましたが，チヂミにマーキングがなく，粉チーズ入りのチヂミを食べてしまいました。

調査報告書では，以下のように，食事提供の点で①～③，事後対処の点で④，⑤の原因があり，これらのうちの一つでも実施されていれば，児童の命を守れたのではないかとされています。

①　チーフ調理員が児童に，どの料理が除去食であるかを明確に伝えていなかったこと

②　お代わりの際に担任が除去食一覧表を確認しなかったこと

③　保護者が児童に渡した献立表に，除去食であることを示すマーカーが引かれていなかったこと

④　担任がエピペン®を打たずに初期対応を誤ったこと

⑤　養護教諭が食物アレルギーによるアナフィラキシーであることを考えずに，エピペン®を打たずに初期対応を誤ったこと

Ｑ８「保育事故の特徴」でも解説していますが，どの保育事故でも，さまざまな不注意が数珠のように連なって最終的に発生するという経過をたどります。上記の事故においても，アレルギー食品を食べるまでと食べた後の複数の不注意が重なって，最悪な事故が発生したといえます。

2　上記事故を参考にした再発防止策

⑴　情報の共有

実際に事故が発生し児童にアナフィラキシーショックが起きると，さまざまな職員が処置に動きますが，この際，原因に気付いているか否かでその対

応に大きな差が出ます。児童の生命に関わる食物アレルギーについては，栄養士，調理員，担任はもちろん，看護師，その他の職員，施設長などの職員全員がアレルギー情報を把握している必要があります。

⑵ 除去食の調理と配食・配膳

上記事故では，料理の容器・トレイが常に他の児童と異なる児童専用のものを使用していたため，どの料理が除去食か，当日の献立に除去食があるのか否かの判断がつきませんでした。どの料理が除去食なのかその度に判断できるように除去食にのみ区別した容器を使用する必要があります。

さらに，上記事故では，児童の給食に除去食があるか否かの情報が担任に事前配布の除去食一覧表のみで伝えられていて，当日は担任に伝えられていませんでした。担任は，常に配食担当から，どれが除去食であるのか口頭で伝えられるべきです。

⑶ 緊急時の対応

上記事故では，担任は，喘息の症状と勘違いしていたと思われる児童の「違う，打たないで」という言葉に従い，エピペン®を打てずに初期対応を誤りました。保育でも，アレルギー症状が出た児童の保護者に対応を聞く場合もありますが，最終的には現場の判断で緊急対応をしなければならない場合もあります。普段から，アレルギーの知識を蓄え，保育者として責任をもって緊急時に判断ができるように備えるべきです。

さらに調べるには

○ 厚生労働省「保育所におけるアレルギー対応ガイドライン（2019年改訂版）」（平成31年４月）

○ 内閣府・厚生労働省・文部科学省「教育・保育施設等における事故防止及び事故発生時の対応のためのガイドライン」（平成28年３月31日）

○ 調布市立学校児童死亡事故検証委員会「調布市立学校児童死亡事故検証結果報告書」（平成25年３月）

○ 中部管区行政評価局「乳幼児の食物アレルギー対策に関する実態調査結果報告書」（平成27年２月）

Q25 食中毒事故の特徴と対策

当法人が運営する保育園では，給食を作って提供していますが，集団感染する食中毒が心配です。どのような点に注意をすればよいでしょうか。また，給食を外注する場合の注意点も教えてください。

Point

・給食を提供する保育園は，児童の体内に入る給食という特殊性ゆえ，極めて重い契約責任を負っていることを自覚する
・製造物責任を負う可能性もある

回　答

子どもたちは，「食事」を通して心身を成長させます。食材に触れ，食材を調理する過程を学び，調理された食事をみんなで楽しむなど，子どもの五感を豊かにします。このように「食事」は，成長のうえで極めて大切なものですが，他方，直接に身体に取り込むことから，細菌・異物・毒物などによる健康被害が極めて甚大に及びます。特に，保育園での食事は，自園調理が中心ですが，外部委託や外部搬入など多様化し，いずれも一括調理であることから，集団被害のリスクは常に付きまとうのです。

保育園での食中毒事故は，枚挙にいとまがありません。保育園で発生する食中毒の原因は，主にノロウイルス，腸管出血性大腸菌（O157，O111など），ウェルシュ菌，サルモネラ菌などが挙げられます。

特に，腸管出血性大腸菌（O157など）は，腸管内で猛毒であるベロ毒素という出血性下痢の原因となる毒素を作り，乳幼児・子ども・高齢者に「溶血性尿毒症症候群（HUS）」を引き起こし，腎臓や脳に重大な障害を生じさせ，時には死に至ることもあります。

平成23年に焼き肉店の「和牛ユッケ」に含まれていた腸管出血性大腸菌により集団食中毒が発生し，6歳の男児2名，14歳の男児，43歳の女性，70歳の女性の合計5名が亡くなり，また平成29年に埼玉県内の総菜店で販売するポテトサラダを食べた3歳の女児が腸管出血性大腸菌による食中毒で死亡していますが，特に児童における腸管出血性大腸菌感染症の恐ろしさを物語っています。

保育従事者の衛生面における法的義務の内容は，厚生労働省や地方自治体から出されているガイドラインや通達が前提とされることから（⇒Q15「重大事故の法的責任とガイドラインの関係」），これらのガイドラインに十分に留意し，実践することが重要となります。

また，特に調理業務を外部委託する場合や食事の外部搬入を行う場合であっても，園児に対する食事の提供の責任は，委託者である保育施設にあるとされますので，業者の選定，食事の内容及び衛生管理等については，十分にチェックする必要があります。

以下に，保育園の衛生面に関するガイドラインや通達をまとめました。

① 「児童福祉施設等における衛生管理の強化について」（昭和39年厚生省通知）

② 「社会福祉施設における食中毒事故発生防止の徹底について」（平成8年厚生省通知）

③ 「社会福祉施設における保存食の保存期間等について」（平成8年厚生省通知）

④ 「腸管出血性大腸菌感染症の指定伝染病への指定等に伴う保育所等における対応について」（平成8年厚生省通知）

⑤ 「社会福祉施設における衛生管理について」（平成9年厚生省通知）及び同通知等に関するQ＆Aについて（令和2年厚労省通知）

⑥ 「児童福祉施設等における衛生管理の改善充実及び食中毒発生の予防について」（平成9年厚生省通知）

⑦ 「社会福祉施設における衛生管理の自主点検の実施について」（平成9年厚生省通知）

⑧ 「児童福祉施設等における衛生管理等について」（平成16年厚生労働省通知）

⑨「保育所におけるアレルギー対応ガイドライン（2019年改訂版）」（平成31年４月）

⑩「児童福祉施設における食事の提供に関する援助及び指導について」（令和２年厚生労働省通知）

⑪「児童福祉施設における「食事摂取基準」を活用した食事計画について」（令和２年厚生労働省通知）

留意点

保育園において，自園調理した食事を摂った園児に食中毒被害が生じた場合，法人に対しては民事責任が問題となり，保育従事者においては民事責任と刑事責任が問題となります（⇒Q14「重大事故が発生した場合の関係者の法的責任」）。民事責任のうち，契約責任については後述しますが，それとは別に不法行為責任も問題となります。

食中毒被害の原因はさまざま考えられますが，仕入れた材料の保管状況が悪い場合や調理後の食べ物の保管状況が悪い場合もあれば，そもそも仕入れた食材自体が汚染されている場合もあります。このように保育園に直接的な原因が認められない場合にも，保育施設が食中毒被害の責任を負うことがあり，それが製造物責任（PL責任）です。

製造物責任法３条には，「製造業者等は，その製造，加工……した製造物であって，その引き渡したものの欠陥により他人の生命，身体又は財産を侵害したときは，これによって生じた損害を賠償する責めに任ずる。」と規定され，特に無過失責任であることがその特徴となります。

したがって，例えば，仕入れた食材が汚染されており保育園に過失がない場合でも，調理して園児に提供して食中毒被害が発生した場合には，保育園が製造物責任によって賠償責任を負う可能性がある点に留意が必要です。

法的解説

保育園での給食でどのような法的義務を負うかについては，平成８年に大阪市堺市立小学校で発生した食中毒事件の裁判が参考になります。この事件は，小学校で提供した給食である冷やしうどんが原因で小学６年生が病原性大腸菌Ｏ157に感染し死亡したのですが，材料のカイワレ大根がそもそも汚染されていたのではないかと当時，大々的に報道されました。

裁判所は，この判決において，給食の提供側の責任として，原因がカイワレ大根にあるか否かに触れず，「学校教育の一環として行われ，児童側にこれを食べない自由が事実上なく，献立についても選択の余地はなく，調理も学校側に全面的に委ねているという学校給食の特徴や，学校給食が直接体内に摂取するものであり，何らかの瑕疵等があれば直ちに生命・身体へ影響を与える可能性があること，また，学校給食を喫食する児童が，抵抗力の弱い若年者であることなどからすれば，学校給食について，児童が何らかの危険の発生を甘受すべきとする余地はなく，学校給食には，極めて高度な安全性が求められているというべきであって，万一，学校給食の安全性の瑕疵によって，食中毒を始めとする事故が起きれば，結果的に，給食提供者の過失が強く推定されるというべきである。」と認定しました。

さらに，裁判所は，「感染源や感染経路が判明しているときにそれに対する対策をとることは当然であって，感染源や感染経路が判明していない場合に，どのような対策をとるかが問題であり，学校給食は，抵抗力の弱い児童を対象として行われるものであり，食品の特徴として，人体に直接摂取するものであり，極めて高度な安全性が求められているのであるから，学校給食の実施に当たっては，最新の医学情報，食中毒事故情報などについての収集を常時行うなど，最大限の注意義務が課せられており，まして，通知通達類や新聞報道によって，平成８年は，例年になく食中毒による死者数が多く，O157が全国的に流行し，その感染源が不明であること，O157が他の食中毒菌に比べて菌数が極端に少なくても発症させ，小児が罹患しやすく，場合によっては死に至ることがあること，現時点ではHUSについては治療法がないことなどが指摘されていたことからすれば，本件当時，学校給食については，特に厳重な注意が必要であり，幾ら注意してもしすぎるということはなかったといえる」と指摘し，給食の提供者に重い注意義務を課したうえ，過失の推定は覆らないと判断しました。この判例は，保育園での給食においても参考になる判断といえます。

さらに調べるには

○　大阪地裁堺支部平成11年９月10日判決（判タ1025号85頁）

エピペン®を預かる際の注意点

近年，乳製品にアレルギーがある小学5年生の女児がチーズ入りの給食を食べた後に死亡した事故がありましたが，その際，迅速にエピペン®を注射していれば助かったかもしれないという話を聞きました。エピペン®とはどういったものであり，エピペン®を預かる際にはどのような点に注意すべきでしょうか。また，医師でない者がエピペン®を注射してもよいのでしょうか。

Point

・保育所職員全員の理解と保護者，園医との十分な協議，連携の下に，エピペン®の保管等の体制を整えることが必要である
・アナフィラキシーの救命の現場に居合わせた保育所職員が，子どもに代わってエピペン®を注射することは，医師法違反にならない

回　答

1　アナフィラキシーが起こった場合の対処法

保育所で預かった子どもが蜂に刺されたり，食物アレルギーなどによりアナフィラキシーを発症した際に，保育所としてどのように対処するかが問題となります。

この点，蜂に刺されたり，食物アレルギーなどにより起こるアナフィラキシーに対する緊急補助治療に使用されるエピペン®という医薬品があり，アナフィラキシーの発症の際に医療機関へ搬送されるまでの症状悪化防止に効果があります。

そこで，エピペン®をどのように管理し，接種するべきかが問題となります。

まず，原則としては，子どもや保護者自らがエピペン®を管理，接種することが基本になります。しかし，保育所においては，低年齢の子どもが自らエピペン®を管理，接種することはできず，また，保護者もいないので，アナフィラキシーが起こった場合に，園医又は医療機関へ搬送することにより救急処置ができる体制を作っておくことが必要になります。例えば，保育所内に健康・安全に関する担当者を設置，又は保育所内に職員，園医，保護者等を構成員とした委員会を設置し，アナフィラキシーを含むアレルギー対策等に日常的に備えておくことが考えられます。

しかしながら，ショック状態に陥った場合等の緊急時には，園医又は医療機関への搬送をしている時間的な余裕がありません。この場合には，その場に居合わせた保育所職員がエピペン®を注射する必要が出てきます。そこで，平時から，緊急時の際には保育所職員が注射することも想定のうえ，保育所職員全員の理解と保護者，園医との十分な協議，連携の下に，エピペン®の保管等の体制を整えておくことが重要です。

なお，▌**法的解説**において後述するように，アナフィラキシーの救命の現場において，子ども自身が注射できない場合，その場に居合わせた保育所職員が，子どもに代わってエピペン®を注射することは，医師法違反とはなりません。

2　エピペン®の管理について

子どもや保護者が持参したエピペン®を保育所で一時的に預かる場合，保護者との面接時に，緊急時の対応について十分に確認し合い，緊急時個別対応表等を作成し，その内容についても定期的に確認すべきです。

また，エピペン®の管理については，保育所の実情に応じて，主治医，園医等の指導の下，保護者と十分に協議して，その方法を決定する必要があります。方法の決定にあたっては，「保育所が対応可能な事柄」「保育所における管理体制」「保護者が行うべき事柄（有効期限，破損の有無の確認）」などを確認し，共有することが重要になります。

そのうえで，保育所職員全員が

①　エピペン®の保管場所を知っていること

②　エピペン®を接種するタイミングと方法を知っていること

③　エピペン®や緊急対応時に必要な書類一式の保管場所を知っていること

がエピペン®の管理運用におけるポイントになります。

留意点

エピペン®は処方薬であり，保育所で預かる場合は，生活管理指導表等に基づき，当該子どもに処方されたものに限ります。他の子どもがアナフィラキシーを発症したとしても，当該エピペン®を注射することはできません。

また，エピペン®を預かる場合には，その利便性と安全性を考慮する必要があります。利便性の観点からは，アナフィラキシーの発症時にすぐに使用できるように，すぐに取り出せる場所に保管すべきです。また，安全性の観点からは，子どもが容易に手の届く場所で管理することは避けるべきです。加えて，先述したように，保管場所は保育所職員全員で共有しておく必要があります。

また，エピペン®の成分は光により分解されやすいので，携帯用ケースに収められた状態で保管し，使用するまでは取り出さないことが望ましいです。保管温度は15℃～30℃での保管が望ましいので，冷所又は日光の当たる高温下等に放置しないように気を付ける必要があります。

法的解説

医師法においては，「医師でなければ，医業をなしてはならない。」と規定されており（17条），これに違反した者は，３年以下の懲役若しくは100万円以下の罰金に処し，又はこれを併科されると規定されています（31条１項１号）。

そして，医師法17条に規定する「医業」とは，当該行為を行うにあたり，医師の医学的判断及び技術をもってするのでなければ人体に危害を及ぼし，又は危害を及ぼすおそれのある行為（「医行為」）を，反復継続する意思をもって行うことであると解されています。

エピペン®の注射は，当該行為を行うにあたり，医師の医学的判断及び技術をもってするのでなければ人体に危害を及ぼし，又は危害を及ぼすおそれのある行為であり，法的には「医行為」にあたります。しかし，アナフィラキシーの救命の現場に居合わせた保育所職員が，エピペン®を自ら注射することができない状況にある子どもに代わって注射することは，反復継続する意図がないものと認められるため，医師法違反にはなりません。

また，人命救助の観点からも「緊急避難行為」として違法性は問われないと考えられます。

さらに調べるには

本稿は厚生労働省のウェブサイトで公開されている「保育所におけるアレルギー対応ガイドライン」によったところが多くあり，保育所職員としては，まずは「保育所におけるアレルギー対応ガイドライン」をしっかりと理解することが重要です。

なお，同ガイドラインは2019年４月に改訂されており，「保育所におけるアレルギー対応ガイドライン（2019年改訂版）」が公表されています。

○　厚生労働省「保育所におけるアレルギー対応ガイドライン（2019年改訂版）」

こども家庭庁ウェブサイト（https://www.cfa.go.jp/policies/hoiku/）の関連サイトとして引用されているリンクから確認いただけます。

また，厚生労働省の上記ウェブサイトにおいて，上記ガイドラインのＱ＆Ａである「保育所におけるアレルギー対応ガイドラインＱ＆Ａ」も公開されており，大変参考になります。

エピペン®の使い方については，平成24年９月末に厚生労働省が作成した「保育所におけるアレルギー対応ガイドライン」を周知するためのDVDの中で詳しく説明されています。このDVDの動画は，厚生労働省のYouTubeチャンネルにおいて視聴することができます。

お薬を預かる際の注意点

保護者から子どもの薬を飲ませてほしいと頼まれることがあるのですが，どのような点に注意すればいいでしょうか？　医師法などに違反しませんか。

Point

・薬の取扱いについては，園内に健康安全委員会などを設け，保健の専門職，保育士及び保護者を交えて検討する必要がある
・一包化された内服薬の内服（舌下錠の使用も含む。）は原則として医行為にはあたらず，保育士等が子どもに服用させることができる
・薬の管理や与薬は十分慎重に行う必要がある

回　答

保育所において病弱な子どもを保育するに際しては，その子どもの症状・安静度・処方内容等の情報を保護者からの「連絡票」等によって把握し，健康管理に支障がないようにする必要があります。

そのうえで，子どもに薬を飲ませるという問題には，そもそも子どもが処方された医薬品を看護師でもない保育士が他人の子どもに服用させてよいかという法的問題があります。

保護者であれば，親権者であることから子どもに服用することが認められると考えられますが，保育士等の他人が服用させることは医師法等に違反するのではないかが問題となります。

また，子どもに薬を服用させる場合には，誤薬のおそれもあり，誤薬によって副作用が生じた場合のリスクなどもあります。

この点，後述の**法的解説**で詳しく述べるように，一包化された内服薬の

内服（舌下錠の使用も含む。）は，原則として医行為にはあたらないと解されており，保育士等が子どもに服用させることは医師法等に反しないとされています。

そして，保育所が保護者から薬を預かる際は，次の事項を確認する必要があります。

⑴　健康安全委員会による管理

園児の健康管理などを検討・運営する委員会を設置することが重要です。

看護師（不在の場合は保健安全の責任者），保育士，栄養士，園医，薬剤師，歯科医師，保護者などで構成された委員会で，保護者から提出された⑵の与薬依頼表などを検討し，与薬などの実施計画を立て，保護者に示し，保護者の了解の下で与薬などを行います。

ただし，急性疾患など，急を要する場合には，委員長の判断で与薬を実施できますが，その場合には，委員会へ事後報告を行うことになります。

また，常備薬の内容や使用に関しても，定期的に委員会へ報告し，承認を受けます。

⑵　与薬依頼表について

保護者から，児童への与薬について，処方医師名，薬の種類，内服方法等を具体的に記載した与薬依頼表を提出してもらい，情報の共有を行うことが重要です。このような与薬依頼表は，あらかじめその書式などを決めておきます。

⑶　常備薬について

⑴の健康安全委員会において検討し，保管場所，保管及び使用責任者，その内容などを具体的に決定し，関係者に周知しておきます。

留意点

保育所において薬を与える場合は，医師の指示に基づいた薬に限定します。その際には，保護者に上記の与薬依頼表を持参してもらいます。

そして，保護者から預かった薬については，他の子どもが誤って内服することのないように，施錠のできる場所に保管するなど，管理を徹底する必要があります。

また，薬を与える場合には，複数の保育士等で，重複与薬，人違い，与薬量の誤認，与薬忘れ等がないように確認する必要があります。

さらに，坐薬を使用する場合には，かかりつけ医の具体的な指示書に基づき，慎重に取り扱う必要があります。

法的解説

医師，歯科医師，看護師等の免許を有さない者による「医業」(歯科医療を含む。以下同じ。)は，医師法17条，歯科医師法17条及び保健師助産師看護師法31条その他の関係法規によって禁止されているところ，保育において適法に与薬できる場合は以下のように考えられています。なお，平成17年7月26日厚生労働省医政局長通知「医師法第17条，歯科医師法第17条及び保健師助産師看護師法第31条の解釈について」に詳しいです。

ここでいう「医業」とは，当該行為を行うにあたり，医師の医学的判断及び技術をもってするのでなければ人体に危害を及ぼし，又は危害を及ぼすおそれのある行為(医行為)を反復継続する意思をもって行うことであると解されています。

そして，ある行為が医行為であるか否かについては，個々の行為の態様に応じ，個別具体的に判断する必要があります。

しかし，患者の状態が以下の①～③の3条件を満たしていることを医師，歯科医師又は看護職員が確認し，これらの免許を有しない者による医薬品の使用の介助ができることを本人又は家族に伝えている場合に，事前の本人又は家族の具体的な依頼に基づき，医師の処方を受け，あらかじめ薬袋等により患者ごとに区分し授与された医薬品について，医師又は歯科医師の処方及び薬剤師の服薬指導のうえ，看護職員の保健指導・助言を遵守した医薬品の使用を介助することは，原則として医行為にはあたらないと解されています。

① 患者が入院・入所して治療する必要がなく容態が安定していること

② 副作用の危険性や投薬量の調整等のため，医師又は看護職員による連続的な容態の経過観察が必要である場合ではないこと

③ 内用薬については誤嚥の可能性，坐薬については肛門からの出血の可能性など，当該医薬品の使用の方法そのものについて専門的な配慮が必要な場合ではないこと

具体的には，皮膚への軟膏の塗布(褥そうの処置を除く。)，皮膚への湿布の

貼付，点眼薬の点眼，一包化された内服薬の内服（舌下錠の使用も含む。），肛門からの坐薬挿入又は鼻腔粘膜への薬剤噴霧を介助することは，原則として医行為にはあたらないと解されています。

さらに調べるには

○　医師法等に違反するか否かの基準と具体例は，以下の通知に詳しいです。「医師法第17条，歯科医師法第17条及び保健師助産師看護師法第31条の解釈について」（平成17年７月26日厚生労働省医政局長通知）

○　保育所において薬を預かる際には，下記のウェブサイトが参考になります。

一般社団法人日本保育保健協議会ウェブサイトの「保育とくすり」（https://nhhk.net/column/category/childcare-and-drugs/）

○　また，一般社団法人日本保育保健協議会の上記ウェブサイトの中でも言及されている，厚生労働省「保育所保育指針解説」（第３章健康及び安全）も参考になります。

乳幼児突然死症候群とは何なのか？

毎年，保育園で睡眠中の園児が10人前後も亡くなっている報道があり，また「乳幼児突然死症候群」という単語によるニュースも散見されます。そもそも「乳幼児突然死」というのは，どのような病気なのでしょうか。

Point

・乳幼児突然死症候群の原因は特定されていない
・午睡中における急死の場合には，法的責任が問題となり得ることから，午睡中の状況については普段から記録をしておかなければいけない

回　答

1　保育中の乳幼児突然死症候群等の統計

保育園における死亡事故は，近年は減少傾向にあるものの，平成28年までは，毎年15名前後で推移しており，その中でも睡眠中の死亡事故が非常に多いことが問題とされていました。このような状況の中で「乳幼児突然死症候群」(SIDS) もクローズアップされています。

厚生労働省及び内閣府が公表している保育施設等における事故報告集計によれば，直近９年間の睡眠中及び乳幼児突然死症候群に関連する死亡事故の統計は，次のとおりです。

表１

		平成25年	平成26年	平成27年	平成28年	平成29年	平成30年	令和元年	令和２年	令和３年	合計
死亡数		19件	17件	14件	13件	8件	9件	6件	5件	5件	96件
死亡事故発生時の状況	睡眠中	16件	11件	10件	10件	5件	8件	4件	1件	1件	66件
	その他	3件	6件	4件	3件	3件	1件	2件	4件	4件	30件
死亡事故における主な死因	SIDS	2件	1件	2件	0件	0件	0件	0件	1件	0件	6件
	窒息	1件	2件	1件	0件	0件	0件	1件	3件	1件	9件
	病死	6件	1件	2件	4件	2件	1件	2件	0件	0件	18件
	溺死		1件	1件	0件	0件	0件	0件	0件	0件	2件
	その他	10件	12件	8件	9件	6件	8件	3件	1件	4件	61件

※「死亡事故における主な死因」における「その他」は，原因が不明なもの等を分類

2　乳幼児突然死症候群

上記統計によると，平成28年までは，乳幼児突然死症候群の件数の割合は死亡数の１割前後にすぎないのですが，他方，睡眠中の死亡事故は死亡数の６～８割を占め，さらに死因が不明である「その他」の件数も死亡数の５割を超えています。

これらはどのような関係があるのでしょうか。

そもそも「乳幼児突然死症候群」とは何なのでしょうか。

実は，保育業界において，「乳幼児突然死症候群」を正確に理解されている方は少なく，その中で対策を迫られているのが現状だと思います。しかし，保育園で実施しているそれらの対策にどのような意味があるのかは正確に理解する必要がありますし，そのためにも「乳幼児突然死症候群」の理解が必要となります。

「乳幼児突然死症候群」とは，法医学における「原因の明らかでない内因死（病死及び自然死）」に分類される死因の一類型です。そして，「乳幼児突然死症候群」とは，「日頃の健康状態に特別異状のなかった乳幼児や風邪などのごく軽い内因性疾患に罹患していた乳幼児が，全く予期しないときに突然死亡し，解剖検査によっても死因となり得るような病変が認められない内因性と推定される急死の総称」をいいます。

つまり，多少不正確ながら要約すると，外傷性でもなく明らかな病死でもない，死因が特定できない急死を指すことになります。

ここで，上記統計の欄外を見ると，死因の「その他」は「死因が不明なものをいう」と説明されており，乳幼児突然死症候群との区別がつきません。

実は，乳幼児突然死症候群の認定には，上述したように解剖検査が前提とされているのですが，他方，乳幼児のお子さんを亡くされた保護者の大半が解剖を希望されないこともあって，「乳幼児突然死症候群」の認定ができないことが多いのです。睡眠中に突然死した乳幼児に外傷がなく，目立った病気にも罹患していない場合で，解剖検査が実施されなければ，死因が不明でありながら「乳幼児突然死症候群」とも鑑定されず，死亡診断書上は死因を「不詳」とされ（乳幼児突然死症候群（SIDS）診断ガイドライン（第2版）），統計上も「その他」に分類されることになります。

つまり，上記統計の死亡数のうち，睡眠中に死因「その他」とされた事例には，仮に解剖検査を実施すれば「乳幼児突然死症候群」と認定されるような事例が含まれている可能性もあるということです。

そこで，乳幼児突然死症候群の予防のための対策が必要となるのですが，上述のとおり，死因が特定できないため，その有効な対策が採れないというジレンマに陥ることになります。

そこで，日本では，国から，医学的統計的に推測された乳幼児突然死症候群の危険因子を参考に予防策を講じることが求められています（⇒Q29「乳幼児突然死症候群の法的責任と予防」）。

留意点

死因が「乳幼児突然死症候群」である場合，「その死因となり得る病変が認められない」ことから，保育従事者に過失は認められず，原則的に民事的責任及び刑事的責任は発生しません（⇒Q14「重大事故が発生した場合の関係者の法的責任」及びQ29「乳幼児突然死症候群の法的責任と予防」）。

この点，個々の乳幼児突然死症候群の事例において，その原因を明確にすることは容易ではないといわれています。

そこで，実際には，死体発見時にうつ伏せの場合，掛け布団やタオルケットなどが鼻口部を覆っていた場合，鼻口腔内や気道内に乳汁が認められた場合などには，「窒息死」と診断されている場合もあります。

しかし，上記「窒息」の診断がなされた場合には，不当な保育による窒息ということで，保育園側が民事的ないし刑事的責任を負うおそれがあります。

厚生労働省が公表している「乳幼児突然死症候群（SIDS）診断ガイドライン（第２版）」によれば，乳幼児突然死症候群の診断のためのチェック項目が掲げられており，

・異状発見時の状況
・異状発見時の時刻
・最終健康確認時刻
・異状発見時の体位
・最後に寝かせたときの体位
・寝返りの有無
・異状発見から病院到着までの時間

などが挙げられています。

乳幼児突然死症候群か否か，いい換えれば，乳幼児の死亡の原因に保育従事者や保育園の過失が認められるか否かの判断において，これらの事項が重要な要素となることになります。

保育園での午睡においては，普段から，上記事項を記録する習慣を身に付けるとともに，突然死を防ぐために保育園としてできる注意を尽くしておく（⇒Q29「乳幼児突然死症候群の法的責任と予防」）ことが重要です。

さらに調べるには

○　永野耐造ら編著「現代の法医学（改訂第３版増補）」
○　厚生労働省「乳幼児突然死症候群（SIDS）診断ガイドライン（第２版）」（2012年10月）
○　厚生省心身障害研究「乳幼児死亡の防止に関する研究」（平成９年度研究報告書）
○　曽我恭司ほか「乳幼児突然死症候群」（昭和医学会雑誌60巻２号154－156頁，2000年）

乳幼児突然死症候群の法的責任と予防

乳幼児突然死症候群を予防するにはどのようなことを実践すればよいのでしょうか。また，乳幼児突然死症候群が発生した場合にどのような法的な責任が発生するのでしょうか。

Point

・保育園の新入所時には慣れ保育を十分に行う
・うつ伏せ寝は絶対にさせない
・インフルエンザなどの流行期にはSIDSが発生しやすい

回　答

令和元年には78名の乳幼児がSIDSで亡くなっており，乳児期の死亡原因としては第４位とされます。乳幼児突然死症候群（SIDS）は，その原因が特定されていないため，予防方法が未だ確立されていませんが，研究者による統計的なデータからある程度危険因子が特定され，以下のように，発症率を下げる方法が厚生労働省から指導されています。

①　１歳になるまでは，寝かせるときはあお向けに寝かせましょう

SIDSは，うつ伏せ，あお向けのどちらでも発症しますが，寝かせるときにうつ伏せに寝かせたときの方がSIDSの発症率が高いということが研究者の調査からわかっています。医学上の理由でうつ伏せ寝を勧められている場合以外は，乳幼児の顔が見えるあお向けに寝かせましょう。この取組みは，睡眠中の窒息事故を防ぐ上でも有効です。

②　できるだけ母乳で育てましょう

母乳で育てられている乳幼児の方がSIDSの発症率が低いということが研究者の調査からわかっています。できるだけ母乳育児にトライしま

しょう。

③　たばこをやめましょう

たばこはSIDS発症の大きな危険因子です。妊娠中の喫煙は胎児の体重が増えにくくなりますし，呼吸中枢にも明らかによくない影響を及ぼします。妊婦自身の喫煙はもちろんのこと，妊婦や乳幼児のそばでの喫煙はやめましょう。

留意点

2014年に日本小児科学会雑誌（118巻11号）に掲載された小保内俊雅らによる論文「保育施設内で発生した死亡事案」では，乳幼児突然死症候群，原因不明及び窒息を含む予期せぬ突然死（SUDI：Sudden Unexpected Death Infant）の危険因子について検討し，有益な情報を提供しています。

当該論文では，2008年から５年間の保育施設での死亡事例（59例）を詳細検討しました。参考となるデータは以下のとおりとなります。なお，当該論文は，SUDIを対象としていますが，Q28「乳幼児突然死症候群とは何なのか？」にもまとめたとおり，解剖検査が少ない現状ではSIDSの診断自体がまれであり，SIDS自体がSUDIに含まれることから，SIDSにとっても有益なデータと考えられます。

①　まず，３歳以上では明らかな外因による死亡のみであり，３歳未満では89％がSUDIであったことから，３歳を境に児童に対する安全対策は根本的に異なると指摘しています。

②　次に，人口動態調査では１歳で発症するSUDIは１歳未満の10％でありますが，これに比して，保育所内では36.4％と高率であり，家庭とは異なる危険因子の存在が推定されています。

③　SUDIは，１月から４月，そして10月から12月と秋から冬にかけて発生していますが，これはRSウイルスやインフルエンザなどの流行時期と重なっていて，感染が危険因子と推定されています。

④　さらには，４月では，預かりから１か月以内の発症が６例（85.7％）と高く，新入所児の環境適応困難や，集団保育に伴う感染曝露が要因とされています。突然死発生と在園期間との関係については，登校初日６例（12％），２日目３例（６％）さらに３日目から７日目までが４例

（8％）で，１週以降から１か月以内が6例（12％）とされ，不明の17例（34％）を除くと，かなりの高率で１か月以内に発生しています。

これらから，乳幼児は新入所時に新環境によるストレスで環境適応困難にあり，ストレス軽減のための慣れ保育などを十分に行うことが推奨されます。

⑤　最後に，睡眠体位も突然死の危険因子とされています。不明17例（34％）を除くと，発見時体位があお向けであったものが4例（8％），横向きが１例（56％），最も多かったのがうつ伏せ28例（56％）で，うつ伏せがSUDIの危険因子であると推察されています。

これらのデータをまとめると，３歳児以下の乳幼児にはSUDIを想定した安全管理が必要であること，インフルエンザ等の感染時期の預かりには注意を要すること，新入所時にはその環境適応困難が原因と推察されていることから，慣れ保育を十分に行うこと，午睡中にはあお向けで寝かせることなどが対策として有効と考えられます。

法的解説

そもそも，乳幼児突然死症候群とは，その原因も死因も特定できないため，保育従事者が民事的責任や刑事的責任を負う可能性は低いです。つまり，原因がわからない事故においては，どのような注意義務を果たせば事故を回避できたのかがわからないため，過失又は因果関係を認定できず，結果として法的責任が否定されることになります。他方，例えば，睡眠中にうつ伏せとなって布団で口と鼻が塞がれて窒息死したような場合には，その窒息の原因を除去できるのにしなかった点を過失と認定され，法的責任を負わされる可能性が高くなります。

このように死因が法的責任の有無に直結することから，保育施設での睡眠中の死亡事故における保育事業者等に対する損害賠償請求訴訟では，児童の死因が「乳幼児突然死症候群」であるか，「窒息死」であるかが大きく争われることになるのですが，これは非常に難しい判断となります。

いずれにしても，うつ伏せ寝には乳幼児突然死症候群だけでなく窒息死のリスクがあることから，仮に保育園での午睡中にうつ伏せ寝をさせて突然死を生じさせた場合には，その保育従事者らに対して法的責任が発生し得る事態も想定しておかなければなりません。

また，行政においてうつ伏せ寝をさせないように指導している現状においては，仮に法的責任が発生しない場合であっても，うつ伏せ寝をさせていたこと自体の社会的責任を問われるおそれも否定できません。

保育における児童の安全を確保するため，うつ伏せ寝をさせないことは，非常に重要なことだといえます。

さらに調べるには

○　厚生労働省「乳幼児突然死症候群（SIDS）について」（https://www.mhlw.go.jp/bunya/kodomo/sids.html）

○　小保内俊雅ら「保育施設内で発生した死亡事案」（日本小児科学会雑誌118巻11号（2014年））

保育園と感染症

流行期になると保育施設でもインフルエンザやノロウイルスなどが流行し，保護者も子どもたちが感染しないか大変気にされます。感染症について，どのような点に注意しなければならないでしょうか。

また，どの程度まで対策をとればよいのでしょうか。

Point

・保育所における感染症の特徴をしっかりと理解することが必要
・厚生労働省のガイドラインを守ることが重要

回　答

1　保育所での感染症の特徴

保育所では，子どもの病気などへの対応やその予防は，保育所保育指針がその基準とされており，同指針を受け，平成30年３月に厚生労働省が作成し，一部改訂された「2018年改訂版　保育所における感染症対策ガイドライン」（以下「感染症対策ガイドライン」といいます。）が公表されています。

乳幼児が長時間にわたって集団で生活をする保育所での感染症の予防・対処は，乳幼児の特徴を十分に理解することが不可欠となります。保育所における感染症について，感染症対策ガイドラインでは，以下の特徴を十分に理解すべきとされています。

・保育所は毎日長時間にわたり集団生活をする場所で，午睡や食事，集団での遊びなど濃厚な接触の機会が多く，飛沫感染や接触感染への対応が非常に困難である。
・乳児は，床を這い，手に触れる物を何でも舐める。
・正しいマスクの装着や適切な手洗いの実施，物品の衛生的な取扱いなどの基本的な衛生対策が十分にできない。

・母親から胎盤を通してもらっていた免疫が生後数か月以降に減り始めるので，感染症にかかりやすい時期である。

・鼻道や後鼻孔が狭く，気道も細いため，風邪などで粘膜が腫れると呼吸困難に陥りやすい。

・乳児は，１日に必要とする体重あたりの水分量が多く，発熱・嘔吐・下痢などによって体内の水分を失い，咳や鼻水等の呼吸器症状のために哺乳量や水分補給が低下すると，脱水症状になりやすい。

2　感染症対策

感染症を防ぐには，感染源，感染経路及び感受性（感染症成立の三大要因）への対策が必要です。なお，感染症を発症した人は，その病原体に対して感受性があるといいます。詳しくは，感染症対策ガイドラインを確認すべきですが，以下で概要を説明します。

⑴　感染源対策

周囲から見てもわかるほどはっきりと発症している患者は，大量の病原体を周囲に排出していますので，医務室等の別室で保育し，一定の条件を満たすまでは登園を控えてもらうことが重要です。他方，明らかな症状がみられない不顕性感染者の場合もあることから，感染症の流行期間中は，お互いに感染源にならないように以下の感染経路別対策を実行するよう努める必要があります。

⑵　感染経路別対策

①　飛沫感染対策

飛沫感染は，多くの場合，飛沫を浴びないようにすれば防げるので，まず「咳エチケット」（咳等を人に向けない／マスクをする／咳等が出るときはハンカチやティッシュなどで口を覆う／咳等を受けた素手はすぐに洗う／とっさの時は，袖で口や鼻を覆う）を徹底してください。また，はっきりと感染症の症状を認める子どもは，医務室等の別室で保育してください。職員も知らない間に感染して感染源になることがあるので，職員の体調管理に気を付けるようにしてください。

②　空気感染対策

空気感染するのは主に麻疹や水痘で，対策の基本は，「発病者の隔離」と「部屋の換気」ですが，発病者と空間を共にしながら感染を防ぐ有効な物理的対策はありません。ワクチンの接種を受けておくことが有効な対策です。

③　接触感染対策

最も重要な対策は，手洗い等の手指衛生です。適切な手洗いの手順に従い丁寧に手洗いすることが接触感染対策の基本です。そして，タオルの共用は絶対にしないようにします。

④　経口感染対策

食材を衛生的に取り扱い，適切な温度管理の下で保管し，病原微生物が付着・汚染している可能性のある食材はしっかりと加熱することが重要です。ノロウイルス，サルモネラ属菌，腸管出血性大腸菌等が付着した食材を包丁で切った後，加熱しないサラダなどを同じ包丁やまな板で切ることで菌が移り，経口感染することもありますので，注意が必要です。

(3)　感受性対策

感受性がある者に対しては，あらかじめ免疫を与え，未然に感染症を防ぐことが重要です。予防接種は，病気に対する免疫を獲得し，感染症が発生しても罹患する可能性を減らしたり，重症化しにくくすることから，病気を防ぐ強力な予防方法の一つです。

留意点

保育所では，免疫が減り始めた生後すぐの乳児から就学直前の6歳児まで，幅広い年齢層の子どもたちが長時間，濃厚な接触を持ちながら集団生活をしています。しかも，年長児では重篤にならない感染症でも，低年齢児では場合によっては脳炎などの生命に関わる重症感染症に発展する場合があります。

そこで，保育所の児童が感染症に罹患した場合には，保育所の他の児童への感染を防ぐため，速やかに感染した児童の出席停止や臨時休業等の対応を講じる必要があります。感染症対策ガイドラインに示された主な感染症の出席停止期間の基準は，以下のとおりです。

①　麻　疹

麻疹は空気感染（飛沫核感染）のほか，飛沫感染，接触感染も感染経路です。

麻疹の感染力は非常に強く，1名の患者から多数人が感染し，その感染者が免疫を持っていない場合には，ほぼ100％発病するといわれています。

解熱後，3日を経過するまでは，保育所への登園を控えるように保護者に依頼します。

② インフルエンザ

保育所で感染伝播する場合の主な感染経路は飛沫感染ですが，ほかに接触感染でも感染します。

発症した後5日を経過し，かつ解熱した後3日を経過するまでは，保育所への登園を控えるように保護者に依頼します。

③ ノロウイルス感染症

ノロウイルスは，流行性嘔吐下痢症の原因となる感染症で，特に秋から冬にかけて流行します。ノロウイルスは，非常に感染力が強く，不十分な汚物処理で容易に集団感染を引き起こします。毎年のように，保育所の不十分な汚物処理によりノロウイルスの集団感染が発生したとの報道がなされています。

嘔吐・下痢の症状が治まり，普段の食事ができるまで保育所への登園を避けるよう保護者に依頼します。

法的解説

不注意により保育所で集団感染をさせてしまった場合には，保育関係者は，重大事故の法的責任（⇒Q14「重大事故が発生した場合の関係者の法的責任」）と同様に法的責任を負う可能性があります。法的責任の有無は，あまり一般には知られていませんが，その判断に感染症対策ガイドラインが一つの目安とされますので（⇒Q15「重大事故の法的責任とガイドラインの関係」），保育事業者として，同ガイドラインを知らなかったでは済まされず，実際に同ガイドラインに沿った対応がとても重要となります。

また，感染者が出始めたときに，保育園をすぐに休園することは難しいかもしれません。しかし，保護者に何の情報共有もしないまま，児童を通園させて感染させた場合も保育事業者側の法的責任が問題とされ得ます。すぐに休園できない場合でも，どのような感染症で何人が休んでいるかなどの情報を随時公開して，保護者の通・休園の選択可能性を確保することが重要です。

さらに調べるには

○　厚生労働省「2018年改訂版　保育所における感染症対策ガイドライン」（令和4年10月一部改訂）

感染症対応における留意点

保育所において感染症の感染者が発生した場合，感染状況について保護者に情報を提供する際に，留意しなければならないことはありますか。

また，園内での感染症の流行を防ぐために，園内でのマスク着用の取扱いについて，どのような点に注意する必要があるでしょうか。

Point

・感染状況の情報提供にあたっては，個人情報保護の観点に留意

・園児のマスクの着用については，園児の体調に十分に注意

・新型コロナウイルス感染症についても基本的な感染症対策の徹底が重要

回　答

1　感染状況の情報提供

新型コロナウイルス感染症の流行を受けて，行政においても，認可保育所等で発生した感染者情報を公表する例が多く見られるようになりました。

子どもを保育所に預ける保護者にとって，当該保育所でどのような感染症が流行し，どのような状況にあるかにつき正確な情報を入手することは，子どもを継続して保育所に預けるか否かの意思決定を行うために重要といえます。また，新型コロナウイルス感染症に関しては，発症の前後にまたがって他者に感染させる可能性があると考えられるところ，二次感染による被害の拡大を防止するためにも，保護者に対し，発症日等を含む感染状況を正確に伝え，自主的に通園させるか否かを検討できる選択肢を提供することが肝要です。そのため，今般，保育所において，園児及び職員の感染状況について，適切に情報共有を行う必要性は高まっているといえます。

一方で，感染症に罹患したという情報は，病歴であり，個人情報保護法上，その取扱いに特に留意が必要とされる要配慮個人情報に該当し得ると考えられます。したがって，本人の同意なく，特定の個人を識別することができる状態で，感染者に係る情報をむやみに保護者等の外部の第三者に提供することは，個人情報保護及びプライバシーの観点から不適切といえます。例外的に，二次感染防止等，公衆衛生の向上のため必要があって，本人の同意を得ることが困難である場合には，本人の同意なく第三者に提供することも許容されますが，その必要性の判断は慎重に行われなければなりません。場合によっては，このような情報提供は，個人情報保護法違反やプライバシー侵害となるおそれがあるため留意が必要です。

そのため，保育所としては，かかる個人情報の第三者提供には原則として本人の同意を要することを前提に，感染状況の情報提供に当たっては，必要な情報に絞り，個人の特定がなされないようにするなど，提供する情報内容や方法について配慮する必要があります。なお，行政が公表する情報についても，感染者の発生及びその発症日，最終登園日等の開示にとどめられる例が多く，情報提供の必要な項目を検討する上で参考になると考えられます。

2　園児のマスクの着用その他の感染症対策

マスクの着用は，飛沫感染の防止に役立つと考えられています。もっとも，子どもについては，個々の発達の状況や体調等を踏まえる必要があることから，行政からも，他者との身体的距離にかかわらず，マスクの着用は求めないという方針が示されています。特に，２歳未満の子どもは，自ら息苦しさや体調不良を訴えることや，自分でマスクを外すことが困難であり，窒息や熱中症等のリスクが高まるため，マスクの着用は奨められていません。

したがって，保育所においては，園児について，基礎疾患がある等の様々な事情により，マスクを着用している場合であっても，午睡の際はもちろん，熱中症リスクが高いと考えられるときはマスクを外すようにするとともに，園児の体調の変化に十分注意する必要があります。そして，園児に対して，一律にマスクの着用を強いることのないようにしなければなりません。

その上で，こまめな手洗い，消毒に加え，効果的な換気など，他の感染症対策を徹底する必要があります。新型コロナウイルス感染症についても，保育所において発生し得る他の感染症と同様に，基本的な感染症対策の徹底が最も重要と考えられます。行政のガイドラインを参考に，園内の感染症対策マニュアルを再点検し，適切な対策を継続していくことが求められます。

留意点

1　保育所における感染症の予防

新型コロナウイルス感染症をめぐっては，政府の基本的対処方針の変更等により，保育所における対応の指針となるガイドラインが短期間のうちに更新される状況にあります。したがって，新型コロナウイルス感染症への対応にあたっては，最新のガイドラインを把握した上で，当該時点における最善の対応を講じることが求められることに留意が必要です。

以下では，新型コロナウイルス感染症について，現在の状況，知見に基づき，保育所における感染症対策に参考となる事項として公表されている内容を紹介します（詳細は，厚生労働省「保育所等における新型コロナウイルスへの対応にかかるＱ＆Ａについて」を参照）。

・最も重要な対策は手洗い等により手指を清潔に保つことです。具体的には，石けんを用いた流水による手洗いや手指消毒用アルコールによる消毒などを行ってください。

・手が触れる机やドアノブなど物の表面には，消毒用アルコールのほか，次亜塩素酸ナトリウム，亜塩素酸水による消毒が有効です。

・こまめに換気を行うとともに，施設全体の換気能力を高め，効果的に換気を行うことが極めて重要です。通常のエアコンには，換気機能がないことに留意してください。機械換気による常時換気ができない場合，窓開けによる換気を行ってください。

2　園児の体調不良時の対応

また，感染症対策を講じていても，登園後に園児が発熱，体調不良等を生じた場合において，保護者への連絡等を行わず，漫然と保育所で当該園児を預かることには，重症化や施設内での感染拡大のリスクがあります。

保育所が感染を拡大するような事態を生じさせたときは，保育所に対し，感染症の被害の拡大を防ぐための措置を怠ったことによる責任が生じ得るため，このような場合には，速やかに保護者に引き取りを求める運用とし，日頃より，保護者に対し，園児の体調不良時の速やかな引き取りについて，理解を求めておくことが重要と考えられます。

法的解説

個人情報保護法は，あらかじめ本人の同意を得ないで，個人データ（特定の個人情報を容易に検索することができるように体系的に構成した個人情報を含む情報の集合物を構成するもの）を第三者に提供してはならないと定め，例外的に，次に掲げるような一定の場合に限り，本人の同意を要しないとしています（個人情報の保護に関する法律27条１項）。

・法令に基づく場合。
・人の生命，身体又は財産の保護のために必要がある場合であって，本人の同意を得ることが困難であるとき。
・公衆衛生の向上又は児童の健全な育成の推進のために特に必要がある場合であって，本人の同意を得ることが困難であるとき。
・国の機関若しくは地方公共団体又はその委託を受けた者が法令の定める事務を遂行することに対して協力する必要がある場合であって，本人の同意を得ることにより当該事務の遂行に支障を及ぼすおそれがあるとき。

したがって，個人データを第三者に提供する場合には，上記のような場合を除き，原則として本人の同意を得る必要があります。

さらに調べるには

○　厚生労働省「保育所等における新型コロナウイルスへの対応にかかるＱ＆Ａについて」

○　厚生労働省「2018年改訂版　保育所における感染症対策ガイドライン」（令和４年10月一部改訂）

○　厚生労働省・経済産業省・消費者庁「新型コロナウイルスの消毒・除菌方法について」（https://www.mhlw.go.jp/stf/seisakunitsuite/bunya/syoudoku_00001.html）

✲ 保育コラム

感染症と訴訟リスク

保育園で拡大感染する主な感染症としては，インフルエンザ，ノロウイルス，腸管出血性大腸菌（O157等）などが挙げられます。これらの感染症による感染が保育園で拡大した場合であっても，一時的な症状で済むことも多いことから，通常は，それほど大きな問題になることはありません。

しかし，これら感染症を原因として重症化してしまうこともあり，後遺症等が残り，あるいは死亡という最悪の事態となることがあります。厚生労働省による「保育所における感染症対策ガイドライン」によれば，インフルエンザであれば肺炎や急性脳症等の合併症が起こる可能性が，腸管出血性大腸菌であれば，溶血性尿毒症症候群を合併し，重症化する可能性が指摘されています。

このような重大な結果に至った場合，保護者としては，感染のきっかけを作った保育園の過失を根拠に損害賠償請求をしてくることが想定されます。具体的には，感染の拡大を認識しながら休園をしなかった園の判断や感染拡大対策の不備などを過失として主張することが可能です。感染拡大対策を十分に行うことは当然ですが，休園に関しては，保護者による保育の必要もあって非常に難しい判断を迫られます。

この点，感染症が拡がっている保育園に預けるかどうかの選択権を保護者に与えることは非常に重要です。すなわち，感染症の情報（例えば，昨日はインフルエンザ１人，本日はインフルエンザ３人というような情報）を事前開示することで，保護者に保育園に子どもを預けるかどうかの選択権を与えることができ，これを怠れば，それ自体を過失として責任追及される可能性があります。

第4章

業務運営において注意すべき点

Q32 契約締結における留意点

国際社会で活躍できる子どもたちを育てるため，英語教室を導入することになりました。外部講師と契約を結ぶうえで，気をつけるべきことはありますか。

Point

〔形式面の確認〕
- 契約当事者名は適切か
- 署名者は適切か　など

〔内容面の確認〕
- 契約書のタイトルは適切か
- 取り決めるべき事項は網羅されているか
- 予想されるトラブルの対応方法は定められているか

回　答

契約は，原則として，当事者の意思が合致すれば口頭でも成立し，契約書が作成されていなかったとしても，その合意に当事者は拘束されます（一部の例外はありますが，ここでは省略します。）。

契約書を作成しておくことの意味は，合意した内容を明確に書面に記載しておくことで契約当事者の認識に齟齬が生じることを回避するとともに，トラブルが生じた場合に備えて事前に対応方法を定めておき，後日紛争に発展することを回避する点にあります。

本事例のように外部の方に講師を依頼する場合，通常，関係の良好な方に講師を依頼すると思われるため，それほど神経質に契約書を作成することはないかもしれません。しかし，どれだけ良好な関係にある者同士であっても，ささいなきっかけでトラブルに発展する可能性があります。

このため，本事例で挙げた外部講師と契約を結ぶ場合だけでなく，誰かと契約を締結する場合には，次のようなことを確認しておくべきでしょう。

1　契約書の形式に関する注意点

⑴　契約当事者は，契約の効力を及ぼしたい者の名称になっているか

例えば，法人との契約であるにもかかわらず担当者や代表者の個人名が記載されていたり，法人名ではなく通称名が記載されている場合があります。これでは，せっかく契約書を作成しても，契約が無効になったり，意図しない第三者に効力が及んでしまう可能性があります。

契約書を作成する場合には，まず，契約の効力を及ぼしたい人が契約当事者として正確に契約書に記載されているか確認すべきです。

⑵　署名者は，法的な権限を有している代表者か

原則として，契約書の署名者は，個人の場合は契約者本人が，法人の場合は法的に法人を代表する権限を有している者が行う必要があります。法人の場合，商業登記簿に「代表取締役」「支配人」と登記されている者が法的に代表権を有している者になります。

これらの者以外が署名した契約は，無効となる可能性がありますので十分注意する必要があります。

なお，印鑑が実印でなかったとしても契約は有効に成立します。契約書に実印を押印してもらう実益は，後日，その者から「自分はこんな契約していない」と言わせないようにする点にあります。契約書の内容などを考慮し，押印してもらう印鑑を上手に使い分けることも重要です。

⑶　契約書作成日に事実と異なる日付が記載されていないか

稟議などの問題から契約書の調印が遅れ，契約締結前に，業務に着手せざるを得ない場合があります。このような場合であっても，契約書の締結日を契約が履行された過去の日に遡らせる，いわゆるバックデートをすべきではありません。このような事実と異なる記載を契約書にしてしまうと，契約書全体の信用性が揺らいでしまう可能性があります。

前記のような場合には，契約書作成日には実際に調印した日付を記載しつつ，契約書の最後に特約条項（「本契約は，契約締結日にかかわらず，○年○月○日に遡って効力が生じる。」）を設けることで対応すべきでしょう。

2　内容に関する注意点

⑴　契約書のタイトルは適切か

通常契約書には「委託契約書」や「コンサルティング契約書」などタイトルが付されますが，タイトルのつけ方に法律上のルールはありません。作成者が自由に定めることができます。

また，契約書の効力は，契約書全体の内容から判断されるため，タイトルには拘束されません。例えば，タイトルに「請負契約書」と記載されていたとしても，「委任契約」に関する内容が記載されている場合には，委任契約としての効力が生じます。

このため，契約の内容とタイトルに齟齬が生じることのないように，作成者は契約書に適切なタイトルを定めておく必要があります。

⑵　重要なことがすべて記載されているか

先に述べたとおり，契約書を作成する意義の一つには，契約当事者の認識に齟齬が生じることのないように，取り決めたことを明確に書面に残しておく，という点があります。

本事例であれば，講師料，講師を依頼する期間，担当してもらう授業の内容，期待するクオリティなど，仕事を依頼するうえで重要な事項については漏れなく記載しておくべきでしょう。

なお，法律上，契約が成立するために最低限取り決めておかなければならないことがあります。契約書を作成するときには，適用法令が定める契約を成立させるための要件にも留意する必要があります。

⑶　想定されるトラブルの対応方法が網羅されているか

契約書を作成する意義のもう一つには，トラブルが生じた場合に備えて事前に対応方法を定めて後日紛争に発展することを回避する，という点があります。

講師が授業をしっかり行わなかった場合の対処方法，急遽契約の内容を変更しなければならなくなってしまった場合の対処方法など，起こり得るトラブルとそれに対する対処方法を事前に想定し，契約書に盛り込んでおく必要があります。

保育園特有の条項としては，例えば以下のようなものが考えられます。

・園児のプライバシーや個人情報の保護に関する取決め（写真撮影に関する

取決め，講師自身のブログへの写真／講義内容掲載の可否，個人情報が掲載されている資料の返却方法など）

・授業中に起きたトラブル（事故など）や保護者からのクレームに関する対応方法や責任負担

なお，契約書に定められていない事項については，民法や商法など適用される法令に従い対処することになります。適用される法令に定められている内容が自分に有利に働く場合には，あえて契約書に何も記載しないという選択肢も考えられます。

留意点

契約書を作成するうえでは，後日裁判で勝てる契約書にしておくことも重要ですが，そもそもトラブルにならないために工夫しておくことも大切です。そのためには，契約する相手方の法律知識に合わせて，契約書の内容をできる限りわかりやすく記載し，契約の内容に誤解が生じることのないようにしておくことが重要です。

特に保育園の場合には，法律に詳しくない方と契約を結ぶことも少なくないため，「できる限りわかりやすく」という視点がとても重要になります。

さらに調べるには

○　民法上，意思表示が無効とされる場合

公序良俗違反（90条），強行規定違反（90条，91条），心裡留保（93条1項ただし書），虚偽表示（94条1項），既成条件（131条1項・2項），意思無能力（3条の2）の場合など

○　民法上，意思表示が取り消し得るとされる場合

行為能力制限（5条2項，9条本文，13条4項，17条4項）

詐欺・脅迫（96条1項），錯誤（95条1項）

Q33

園児のプライバシー保護

保育園で「英語教室」を担当している外部の講師（外国人）が，保育園に無断で，授業の様子が写っている写真を自分のブログに掲載していました。この写真には園児たちの顔が写っていたため，直ちに削除を求めました。保育園は，再発防止に向けてどのように取り組むべきでしょうか。

Point

・職員（退職者）によるプライバシー侵害対策の導入
・外部講師によるプライバシー侵害対策の導入
・保護者によるプライバシー侵害対策の導入

回　答

本事例のようなケースに限らず，園児のプライバシーは，職員，退職した職員，ボランティア，他の園児の保護者など，さまざまな関係当事者によって侵害されるおそれがあります。

このため，園児が安心して保育園で生活できる環境を整えるためには，上記のすべてのケースを想定し対応策を講じておく必要があります。

1　職員によるプライバシー侵害対策

(1)　役職員のプライバシーに対する理解を深める

職員が園児のプライバシーを侵害してしまうケースとしては，例えば，ブログや掲示板に園児の写真を掲載したり，保育園内の様子を具体的に投稿するような場面が考えられます。

このような事案の多くでは，保育士自身は，プライバシーに関する理解不足から，自らの行為で園児のプライバシーを侵害してしまったことに気づいていません。

このため，保育園としては，何よりもまず，保育園に勤務する役職員にプライバシーについて正しく理解してもらうように努めるべきです。

具体的には，次の方法を取ることが考えられます。

・定期研修（採用時，昇格時など）を実施する

ただし，グループワークなどを通じ，保育士が日常業務を思い浮かべながら，具体的にプライバシーを侵害してしまう場面をイメージしてもらうような内容にすべきでしょう。

・プライバシー配慮に関するマニュアルの作成

簡単な内容でもよいので，とにかくわかりやすく記載することが重要です。管理部門が作成したものを一方的に与えるのではなく，主任やリーダーで構成される委員会を組織し，この委員会で話し合いながら作成してもらうという方法も職員の理解を一層深めるうえで効果的です。

・人事考課の自己チェックシートにプライバシー保護項目を追加

プライバシー保護は，子どもの安全を確保するうえで重要な課題です。自己チェックシートを通じて，職員一人一人にプライバシーを保護の重要性を認識してもらい，併せて，プライバシー保護に努めた職員を評価するという制度を設けるという方法も，職員のプライバシーに対する理解を深める有用な手段です。

⑵　規程類の整備

職員によるプライバシー侵害を防止するためには，「当社は利用者のプライバシー保護を重視する」という会社としての姿勢を明確にしておくことが重要です。具体的には，次のような方法が考えられます。

・人事考課規程における基準にプライバシーに関する項目を付記する
・プライバシーに関する問題を管理監督する機関の設置
・就業規則における服務規定や遵守事項規定に，プライバシーの取扱いに関する具体的な条項を明記する

> 第○条（遵守事項）
> 社員は，ソーシャル・ネットワーキング・サービスなどに，業務上の情報，利用者情報，園児や園内施設が写っている画像・映像（園児の顔が鮮明に写っているか否かを問わない）などの情報を掲載しない。

(3)　違反職員に対する処分

保育園としては，子どもの安全を守り，また，保育園の社会的信用性を維持するために，社内ルールの違反者（特に，意図的に違反した者）に対しては，就業規則その他の社内規程に従って，適切な処分を行うべきです。

逆にいえば，そのような問題が発覚したとき，違反職員に対して一定の処分を下すことができるように，前記(2)のとおり就業規則や社内規程を整備しておくことが重要です。特に懲戒処分については，就業規則上に明記されていない限り行うことができませんので注意してください。

2　退職者によるプライバシー侵害対策

在職者と異なり，退職後の職員に対しては就業規則の効力が及びません。このため，次のような方法により対策を講じることが考えられます。

- 退職時に，退職者に園児のプライバシーに関する全ての記録を返却あるいは破棄させる（就業規則上，退職者が退職時に守るべき義務として明記しておく。）。
- 退職時に，プライバシーを遵守する旨の誓約書を提出させる。

3　外部講師によるプライバシー侵害対策

保育園が依頼する外部講師の先生の多くは，法律の専門家ではないため，役職員同様に，プライバシーに関して正しく理解していないことの方が多いでしょう。このため，講師を依頼する前に，プライバシーに関して正しく理解してもらえるように努めることが重要です。

例えば，業務委託契約記載の個人情報に関する規定を一般的に使用されている雛形よりも丁寧に記載したり，契約書とは別に，プライバシー保護に関する誓約書を差し入れてもらうことが考えられます。

特に，普段見慣れない誓約書については慎重に確認される傾向があるため，外部講師に誓約書の提出を求めることは，外部講師にプライバシー保護を意識してもらううえで有用な手段といえます。

また，本事例のような外国人講師の場合には，内容を正確に理解してもらうために英語版を用意しておくことも検討するべきでしょう。

4　保護者によるプライバシー侵害対策

保護者が，自分の子どもと一緒に他の園児も写っている写真や動画をブログや動画サイトなどに掲載することによって，他の園児のプライバシーが侵害されてしまう場合があります。保育園としては，次のような方法を用いて，保護者に対しても丁寧に対応しておくことが望まれます。

・保護者説明会などで注意喚起をはかる。

・保育園のプライバシー保護の取組みを書面などで配布して理解を求め，その一環として，他の園児のプライバシーに配慮することについての「同意書」や「確認書」などの提出を求める。

留意点

先に述べたとおり，プライバシーに関わるトラブルの多くは，侵害行為者のプライバシーに対する理解不足が原因です。

本稿において，さまざまな対策について紹介をしましたが，いずれの対策を講ずる場合であっても，イメージしやすい内容で説明を行ったり，平易な文章で書面を作成したりすることが重要です。

法的解説

プライバシーの権利とは，私生活の平穏や個人の人格的自律を確保するために重要な権利であると解されています。

プライバシー権として保護されるためには，①私生活上の事実又は私生活上の事実らしく受け取られるおそれのある情報であること，②一般人の感受性を基準にして当該私人の立場に立った場合に，他者に開示されることを欲しないであろうと認められる情報であること，③一般の人に未だ知られていない情報であることが必要であると解されています。

これらの要件が充足し，プライバシーとして保護されるべき情報が他者に開示された場合には，原則として，プライバシー侵害となり，違法性阻却事由が認められない限り，不法行為として損害賠償が認められます。

掲示板上の誹謗中傷等の削除要請等

当保育所の名前をインターネット上で検索すると，事実無根の誹謗中傷記事が掲載された掲示板が表示されます。どのように対処すればよいでしょうか。

Point

- 誹謗中傷記事の削除のみを求めるのか，それとも，誹謗中傷記事を投稿した人物に対する損害賠償請求等までするのかによって，その後の対応が変わってくる
- 掲示板の誹謗中傷等の投稿を削除する方法として，主に，①ウェブサイトのフォームから依頼する方法，②プロバイダ責任制限法ガイドラインにのっとった方法，③裁判手続を利用する方法の３とおりがある
- 時間や費用等の観点から，①ウェブサイト上のフォームから依頼する方法が一番望ましい

回　答

1　考えられる対応

誹謗中傷記事の対象となった保育所としては，まずは当該記事を削除したいと考えるでしょうし，あわせて，当該記事を投稿した人物に対して，損害賠償請求等をしたいと考える場合もあると思います。また，誹謗中傷記事の内容が，保育所の名誉を毀損するようなものである場合には，刑事告訴や被害届の提出をすることも考えられます。

(1)　誹謗中傷記事の削除のみを求める場合

誹謗中傷記事を投稿した人物に対して損害賠償請求等を行うつもりはなく，誹謗中傷記事の削除のみを求める場合には，後述するウェブサイト上の

フォームから依頼する方法などにより，弁護士に依頼しなくても目的を達成することができることも多いと思われます。

⑵　投稿者に対する損害賠償請求等まで行う場合

他方，誹謗中傷記事を投稿した人物に対して損害賠償請求等を行うことも考えている場合には，裁判にまで至る可能性が高いので，弁護士に相談することが望ましいです。

2　誹謗中傷記事の投稿されているウェブページの証拠化（投稿者に対する損害賠償請求等まで行う場合）

投稿者に対する損害賠償請求等まで行う場合には，投稿者を特定する必要があります。

一般的には，誹謗中傷記事の削除自体は，１週間から１か月で終了します。しかし，投稿者を特定するのには６か月前後かかりますし，投稿者に対する損害賠償請求等を行うためにはさらに時間を要することになります。

そして，誹謗中傷記事が削除されてしまった後では，投稿者を特定することが難しくなってしまいます。

誹謗中傷記事を放置したまま投稿者の特定や投稿者に対する損害賠償請求等を行うことも可能ですが，その間，誹謗中傷記事はウェブサイト上に残ったままの状態になってしまいます。しかし，誹謗中傷記事はできる限り早く削除するのが望ましいのはいうまでもありません。

そこで，投稿者に対する損害賠償請求等を行う場合には，誹謗中傷記事の削除請求をすると同時に，あるいは，削除請求をする前に，誹謗中傷記事が投稿されているウェブページの内容を証拠として保存しておく必要があります。

そして，証拠化の際の具体的な方法としては，①画面をプリントアウトして保存する，②画面を画像として保存する，③動画で保存する，などといった方法が考えられます。

3　ウェブサイト管理者等に対する削除請求

ウェブサイト管理者等に対して，誹謗中傷記事の削除を請求する方法としては，主として，①ウェブサイト上のフォームから依頼する方法，②プロバイダ責任制限法ガイドラインにのっとった方法，③裁判手続を利用する方法，の３とおりが考えられます。

③裁判手続を利用する方法は，時間や費用がかかるのに対して，①ウェブ

サイト上のフォームから依頼する方法は，上手く行けば，時間や費用をあまりかけずに誹謗中傷記事を削除できます。ですので，誹謗中傷記事が投稿されているウェブサイトにおいて，メールやウェブフォームによる削除請求を受け付けている場合には，素直にウェブサイトの指示に従って削除請求をするべきです。また，特に削除請求についての記載がなされていない場合であっても，ウェブフォームが存在するのであれば，そこから削除請求の方法について問い合わせてみるのもよいでしょう。

また，プロバイダ責任制限法は，インターネットでプライバシーや著作権の侵害があったときに，プロバイダが負う損害賠償責任の範囲や，情報発信者の情報の開示を請求する権利を定めた法律です。そして，インターネットサービスプロバイダ等で組織される一般社団法人テレコムサービス協会が，プロバイダ責任制限法の運用についてのガイドラインを制定しており，それに沿った形で削除請求を行うのが，②プロバイダ責任制限法ガイドラインにのっとった請求になります。

法的解説

1　裁判手続による削除請求について

①ウェブサイト上のフォームから依頼したが拒否されたり，②プロバイダ責任制限法ガイドラインにのっとった請求をしたが拒否された場合など，任意の削除がなされなかった場合には，③裁判手続を利用して削除を求めていくことになります。

記事の削除を求める裁判手続としては，一般的に，民事保全法の仮処分手続が利用されます。記事の削除の仮処分は，暫定的とはいえ，債権者（訴えを申し立てた者）に本案訴訟で勝訴した場合と同様の満足を得させるような仮処分である，いわゆる「満足的仮処分」にあたり，実効性の面において通常の訴訟と変わりはないですし，通常の訴訟手続よりも，仮処分手続の方が簡易かつ迅速であるためです。

そして，仮処分の認容決定が出た場合には，ウェブサイトの管理者等は通常は誹謗中傷記事の削除に応じてくれます。

2　損害賠償請求額について

一般の私人が名誉やプライバシーを侵害された場合は，一般的にあまり高額な慰謝料が認められることはありません。多くの例では，高くても100万円程度となっています。

なお，誹謗中傷記事を投稿した者に対する金銭的な請求に関しては，慰謝料の他に，発信者情報の開示請求に要した弁護士費用や裁判費用などの請求も肯定する裁判例が多数あります。

また，令和４年10月１日に改正プロバイダ責任制限法が施行され，新たな裁判手続として「発信者情報開示命令事件に関する裁判手続」という非訟手続が創設されました。

これまでは，発信者の情報を開示させるためには，コンテンツプロバイダに対してIPアドレス等の情報を開示させる仮処分を行って得られた情報をもとに，アクセスプロバイダに対して，契約者の氏名や住所などの情報開示を通常訴訟において請求しなければなりませんでした。

それに対し，改正プロバイダ責任制限法においては，発信者の情報を開示させる手続を一つの手続でできるようになりました。また，この手続の中で，裁判所がプロバイダによる情報の消去を禁止する命令が可能となり，手続の途中で情報が失われる事態を防止できるようになっています。

留意点

誹謗中傷記事が掲載された側としては，誹謗中傷記事が投稿された掲示板のウェブサイトの管理者等に対しても敵意を向けてしまいがちです。

しかし，誹謗中傷記事の公開・流通について直接的な責任があるのは，あくまで誹謗中傷記事を投稿した人物です。また，ウェブサイトの管理者等は，他人の権利を侵害するような誹謗中傷記事を放置すれば賠償責任を負い得ますが，他方，安易に削除をすると表現の自由の侵害又は利用契約違反などで責任追及をされ得る立場にあります。このような板挟みの立場にあるウェブサイトの管理者等の責任を明確化したのがプロバイダ責任制限法です。

このように，ウェブサイト上の権利侵害行為に対しては，法整備が進みつつあることから，ウェブサイト上に誹謗中傷記事が掲載されたとしても，感情的にならず，決められた手続に沿って冷静かつ迅速に対処することが重要となります。

連絡帳の入れ間違い（個人情報管理）

保育士が，Ｘ園児のアレルギーに関して記載されている書類を，Ｙ園児の連絡帳とともに，Ｙ園児の鞄に入れてしまいました。

Ｙ園児の保護者から連絡を受けて発覚したことから，Ｘ園児とＹ園児の保護者双方に謝罪し，再発防止措置をとることをお約束いたしました。

保育園はどのように再発防止策を講じるべきでしょうか。

Point

・事実関係の調査，原因の究明
・情報漏えいに関する事故事例やヒヤリハットの情報共有
・社内体制の整備
・個人情報取扱規程の作成
・人事評価への反映

回　答

保育園は，園児やその保護者に関する個人情報を多く取り扱っています。その内容も，名前や住所にとどまらず，家族構成，病歴，保護者の収入など，園児や保護者にとって他人に知られたくない情報が多く含まれています。

しかし，ややもすると，日常的な保育業務の忙しさから，個人情報への配慮がおろそかとなり，結果的に，重大な個人情報漏えいトラブルが発生してしまうことがあります。

本事例のように，トラブル発生後に再発防止措置を導入する場合はもちろんのこと，現在までに，個人情報漏えい問題が発覚していない場合も，情報漏えいはいつでも起こり得る問題であることを認識したうえで，以下の方法により，個人情報の管理体制を整備しておくことが望まれます。

1　事実関係の調査と原因の究明

本事例のように個人情報に関わるトラブルが発生した場合，トラブル発生の原因を，単なる「連絡帳を入れ間違えた職員のミス」のみと判断すべきではありません。個人情報をはじめ保育園で発生するトラブルの多くは，複数の問題点が起因して発生しています。

例えば，本事例でいえば，連絡帳の入れ間違いが起きた直接的な原因は職員のミスですが，そもそもミスが起こりやすい環境であった可能性があります。業務フローが非常に煩雑で，ミスを起こしてもやむを得ないものになっているのかもしれません。過重労働により職員に精神的肉体的な負荷がかかりすぎていたのかもしれません。

このため，ミスを起こした職員のヒアリング，その他の職員からのヒアリングを丁寧に行い，ミスが起きた当時の状況やミスが起きた業務フローの流れ，ミスを起こした職員やその他の職員の行動などを時系列に沿って丁寧に分析し，ミスが起きた原因を解明することが非常に重要です。

このような事実関係の確認と原因の究明に努めることで，ミスを防止することができたポイントが判明してきます。

そして，かかるポイントを改善し，ミスを防止する仕組みを構築することこそ，再発防止対策を導入するという意味にほかなりません。

2　情報漏えいに関する事故事例やヒヤリハットの情報共有

深刻な情報漏えいのトラブルが発生した場合，実際には，そのトラブルが発生している場合には，多くの軽微なミスやヒヤリハットが発生しています。したがって，深刻な情報漏えいのトラブルを発生させないためには，このような軽微なミスやヒヤリハットの事例を保育園全体で蓄積し，職員全員で情報共有したり，これらの軽微なミスやヒヤリハットを防止する仕組みを日頃から検討しておくことが重要です（⇒Q10「ヒヤリハット導入のポイント」）。

例えば，園長やクラスリーダーが定期的にヒアリングをしたり，あるいは，クラスリーダーには積極的に軽微なミスやヒヤリハットを情報共有するように指示し，軽微なミスやヒヤリハットが情報共有されやすい社内環境を整える方法が考えられます。

3　社内体制の整備

個人情報の取扱いについては，個人情報保護法関連法令や個人情報保護委員会作成のガイドラインなどにおいて定められていますが，その内容は専門的で複雑であるため，現場で保育業務に従事している保育士はもちろん，管理部門の職員であっても，正しく理解することは非常に困難です。

そこで，個人情報の管理に関する責任者や管理者を明確にし，この責任者や管理者に，個人情報を適切に管理する責任と権限を付与し，また，個人情報の取扱いに関する知識を集約させることが有用です。

通常は，代表取締役や理事長を個人情報管理責任者に定め，個人情報管理に関する最終責任者とするとともに，別に，個人情報管理担当者（部）を置き，当該担当者（部）主導のもと，個人情報保護規程の策定，個人情報管理に関するノウハウの集積，マニュアルの作成，社内への普及，社内相談窓口対応，そのほか個人情報保護対策の策定及び推進が行われることとなります。

4　個人情報保護規程の作成

法人としての個人情報保護の方針・考え方を明確にするため，個人情報保護規程は必ず作成すべきでしょう。個人情報保護規程には，例えば次のような事項を定めます。

①　個人情報管理体制に関する定め
- 個人情報の取扱いを管理監督する担当者（個人情報管理責任者・個人情報管理者）の設置
- 個人情報管理責任者や個人情報管理者の役割の明確化
- 職員への教育・研修の方針　など

②　個人情報の取得，利用時の対応方法

③　個人情報の管理に関する対応方法
- 個人情報管理責任者の役職員に対する指導・監督方法
- 委託先の管理監督に関する定め

④　第三者に個人情報を提供する場合の対応方法

⑤　個人情報の開示・訂正・利用停止等に関する対応方法

法的解説

保育事業者は個人情報保護法上の「個人情報取扱事業者」に該当するため，「個人情報」の取扱いに関し，関係法令の定めを遵守しなければなりません。個人情報保護法上の義務（概要）は次のとおりです。

⑴　利用目的の特定・適正取得（17条〜22条）

・個人情報を取り扱うにあたっては利用目的をできる限り特定しなければならず，あらかじめ本人の同意を得ないで，この利用目的の達成に必要な範囲を超えて，個人情報を取り扱ってはいけません。

・個人情報を取得した場合は，あらかじめその利用目的を公表している場合を除き，速やかに，その利用目的を本人に通知し，又は公表しなければなりません。さらに，例えば，保護者から利用契約を取得する場合など，本人から直接書面に記載された個人情報を取得する場合は，あらかじめ，本人に対して，利用目的を明示しなければいけません。

⑵　安全管理措置等（23条）

取り扱う個人データの漏えい，滅失又は毀損の防止その他の個人データの安全管理のために必要かつ適切な措置を講じなければいけません。

⑶　第三者提供（27条〜30条）

個人データを第三者に提供する場合には，原則として，あらかじめ本人の同意を得ないで，個人データを「第三者」に提供してはいけません。ただし，次の場合は，個人データの提供を受ける者は「第三者」に該当しないとされています。

・個人データの取扱いを委託する場合

・合併その他の事由により事業の承継に伴って個人データが提供される場合

・特定の者と共同利用する場合であって，一定の事項についてあらかじめ本人に通知等がされている場合

さらに調べるには

○　個人情報の保護に関する法律，施行令，施行規則

○　個人情報保護委員会ウェブサイト（https://www.ppc.go.jp/）

個人情報を取り扱うルールの見直し方

保育所では園児や保護者の個人情報を多く取り扱っているため，当園でも，職員向けの個人情報取扱規程を作成しました。また，プライバシーポリシーを作成し，ホームページに掲載しています。

先日，個人情報保護法が改正されたそうですが，改正に伴い，個人情報取扱規程やプライバシーポリシーを見直す必要はあるのでしょうか。

Point

- 改正個人情報保護法の改正内容
- 個人情報取扱規程・プライバシーポリシーを改訂すべきポイント
- 職員による個人情報漏えいを防ぐための工夫

回　答

1　改正個人情報保護法

(1)　改正の経緯

個人情報の保護に関する法律（平成15年法律第57号，「個人情報保護法」）は，平成15年に制定（平成17年全面施行）されたのち，平成27年に改正が行われ，平成29年５月30日に全面施行されました（以下「旧個人情報保護法」といいます。）。

旧個人情報保護法の附則12条３項において，３年ごとに見直しを図ることと規定されていました。

近年，情報通信技術の進展により，膨大なパーソナルデータが収集・分析される，ビッグデータ時代が到来している一方，個人情報として取り扱うべき範囲の曖昧さのために，企業は利活用を躊躇する事態となっていました。また，いわゆる名簿屋問題により，個人情報の取扱いについて一般国民の懸念も増大していたことから，令和２年に個人情報の保護と利用について，個人情報保護法が改正されることとなりました（以下「令和２年改正」といいます。）。

さらに，令和３年「民間，行政機関，独立行政法人等に係る」個人情報の保護に関する規定を集約・一体化する形で改正が行われました（以下「令和３年改正」といいます。）。

このような２つの改正を経た個人情報保護法は，地方公共団体に関する部分を除いて令和４年４月１日に施行され，さらに地方公共団体に関する部分についても令和５年４月１日に施行されました（以下「現行個人情報保護法」といいます。）。

⑵　改正個人情報保護法の内容

ア　令和２年改正について

令和２年改正の内容は，以下の６つのテーマに分けることができます。すなわち，①個人の権利の在り方，②事業者の守るべき責務の在り方，③事業者による自主的な取組みを促す仕組みの在り方，④データ利活用に関する施策の在り方，⑤ペナルティの在り方，⑥法の域外適用と越境移転の在り方について改正されました。

まず，①個人の権利の在り方として，利用停止・消去の個人の請求権について，一部の本法違反の場合に加えて，個人の権利又は正当な利益が害されるおそれがある場合にも拡充されることになりました。また，本人の同意なく，個人情報を第三者に開示することができるオプト・アウト規定によって，第三者に提供できる個人データの範囲を限定する等の改正を行っています。

②事業者の守るべき責務の在り方については，個人情報の漏えいが発生し，個人の権利利益を害するおそれがある場合に，個人情報保護委員会への報告及び本人への通知を義務化するとともに，違法又は不当な行為を助長する等の不適正な方法により個人情報を利用してはならない旨が明確に規定されました。

③事業者による自主的な取組みを促す仕組みの在り方について，認定個人情報保護団体制度について，改正前の制度に加え，企業の特定分野を対象とする団体を認定できるようにしています。

④データ利活用に関する施策の在り方について，他の情報と照合しない限り特定の個人を識別できないものとして，氏名等を削除した「仮名加工情

報」を創設し，内部分析に限定すること等を条件に，開示・利用停止請求への対応等の義務を緩和しています。また，提供元では個人データには該当しないものの，提供先において個人データとなりうることが想定される情報の第三者提供について，本人の同意が得られていること等の確認が義務付けられています。

⑤ペナルティの在り方について，個人情報保護委員会による命令違反，同委員会に対する虚偽報告等の法定刑を引き上げるとともに，データベース等不正提供罪，個人情報保護委員会による命令違反の罰金については，法人と個人の資力格差等を勘案して，法人に対する罰金刑の最高額を引き上げることとしています。

⑥法の域外適用と越境移転の在り方について，日本国内にある者に関する個人情報等を取り扱う外国事業者，罰則によって担保された報告徴収・命令の対象とするとともに，外国にある第三者への個人データの提供時に，移転事業者における個人情報の取扱いに関する本人への情報提供の充実等を求めることとしています。

イ　令和３年改正について

令和３年改正においては，個人情報保護法，行政機関個人情報保護法，独立行政法人等個人情報保護法の３法を統合して１本の法律にすることとされました。さらに，地方公共団体等における個人情報の取扱いについても統合後の法律の中で全国的な共通ルールを設定し，独立規制機関である個人情報保護委員会が，個人情報の取扱いについて一元的に監視監督する体制を構築することになりました。

2　個人情報取扱規程・プライバシーポリシーを改訂すべきポイント

旧個人情報保護法においては，個人情報取扱事業者が，保有個人データについて，次のＡからＤまでの情報を，事務所の窓口等への書面の掲示・備え付けやホームページにおいて掲載する等本人の知りうる状態（本人の求めに応じて遅滞なく回答する場合も含む）に置くことが必要となっていました。

Ａ　個人情報取扱事業者の氏名又は名称

Ｂ　全ての保有個人データの利用目的

Ｃ　保有個人データの利用目的の通知の求め又は開示等の請求に応じる手続及び保有個人データの利用目的の通知の求め又は開示の請求に係る手

数料の額

D　AからCに掲げるもののほか，保有個人データの適正な取扱いの確保に関し必要な事項として政令で定めるもの（保有個人データの取扱いに関する苦情の申出先及び当該個人情報取扱事業者が認定個人情報保護団体の対象事業者である場合にあっては，当該認定個人情報保護団体の名称及び苦情の解決の申出先）

そして，令和2年改正及び令和3年改正においては，本人が知りうる状況に置かなければならない事項として，主に以下の点が追加されています（現行個人情報保護法27条（32条）1項）。現在使用されている個人情報保護規程やプライバシーポリシーが以下の条件を満たさないままになっている場合には，早急に改訂する必要があります。

E　個人情報取扱事業者の住所並びに個人情報取扱事業者が法人の場合にはその代表者の氏名

F　保有個人データの安全管理のために講じた措置の内容

G　個人データの第三者提供時の記録の開示手続

H　利用停止等の手続

I　個人情報を共同利用する場合には，共同利用に関する通知及び管理責任者の住所と法人代表者名の追加

さらに，EからIの内容を追加するとともに，個人情報の利用目的については，ガイドラインの改正により，利用目的を本人が自らの個人情報がどのように扱われるのか，合理的に予測・想定できる程度に具体化する必要があります。

このように，プライバシーポリシーの改訂においては，令和2年改正及び令和3年改正によって新たに公表事項とされた事項を追加するのみならず，個人情報の利用目的の記載を見直すことが必要となります。特に利用目的の具体化は，個人情報の内容を加味して記載する必要があるため，弁護士等の専門家に改訂作業を依頼することが必要となる場面があると考えられます。

3　職員による個人情報漏えいを防ぐための工夫

保育所においても，園児について様々な個人情報（氏名・住所・電話番号等）を取り扱っており，個人情報が漏えいすることは避けなければなりません。

職員が扱っている連絡帳やおたより等にも個人情報が記載されていることがあり，その取扱いには注意が必要です。また，電子データの送受信におい

て，誤送信等により，園児の個人情報が意図せず流出する可能性があります。

このような人為的なミスを防止するために，個人情報を扱う場所を定め，個人情報を持ち出させない・持ち込ませない等の業務マニュアルを整備する等の対策をとる必要があります。また，電子データの誤送信等で個人情報が流出することを防止するため，セキュリティが低いサイトにアクセスできないようにフィルタリングを設定する，ダブルチェックの態勢を採る等の対策を実施することが考えられます。

改正点チェックリスト

□　個人情報取扱事業者の住所（及び法人の場合には代表者の氏名）が記載されていますか。

□　保有個人データの安全管理のために講じた措置についての記載がありますか。

□　個人データの第三者提供記録の開示手続きが記載されていますか。

□　保有個人データの開示，削除，訂正，利用停止について記載がありますか。

□　利用目的は，個人情報がどのように利用されているか予測・十分できる程度に特定されていますか。

さらに調べるには

○　個人情報保護に関する法律，施行令

○　個人情報保護委員会ウェブサイト

知育教材のコピーと著作権侵害

保育園の園長が，自らが購入した知育教材をコピーし，これを保育園のカリキュラムで利用していたことが発覚しました。著作権法上どのような問題が生じるでしょうか。

Point

・原則として著作者の了解なしに著作物を複製することはできない
・ただし，著作権法上に定める例外規定に該当する場合には，著作者の了解なしに著作物の上演，演奏，上映等をすることができる場合がある

▌回　答

コピーしようとしているものが「著作物」に該当する場合，著作者は，その「著作物」について，他人に無断で著作物を複製（コピー）されない権利を有しています。なお，著作者が有する権利の具体的な内容については，Q38「インターネット上の地図・画像の引用」の▌**法的解説**で詳述します。

もし，他人がこのような著作権者の権利を無視して無断で著作物を複製した場合，著作権者の権利を不当に侵害する違法な行為を行ったとして，民事上の責任および刑事上の責任を問われることとなります。

このため，「著作物」の複製（コピー）は慎重に行う必要があります。

本事例でいえば，保育園の園長がコピーした知育教材も「著作物」に該当するため，出版社あるいは著者が知育教材について他人に無断で著作物を複製されない権利を有しています。このため，出版社や著者に無断で，この教材をコピーすることは許されません。

ところで，▌**法的解説**において記載のとおり，著作権法上，一定の場合に

は，例外的に，著作者の了解を得ることなく，著作物を複製したり，上演・上映したりすることが認められています。

このため，他人の著作物を複製したい場合には，これらの規定にあたるのか検討することになります。

しかしながら，本事例の場合には，いずれの例外規定にも該当しないため，結論としては，著作者の了解を得ることなく，自らが購入した知育教材をコピーし，これを保育園のカリキュラムで利用することは認められません。

留意点

昨今，著作権侵害に対する損害賠償請求が頻繁に行われるようになってきています。著作権を侵害すれば，民事上の責任のみならず，刑事上の責任も問われる可能性があります。

また，職員が自己の判断で行った行為でも，幼稚園・保育園内の業務の一環として行われていた場合には，管理義務違反を理由に，保育所運営事業者，場合によっては代表者個人に対してまで責任が及ぶ可能性があります。

しかも，どんなにささいな著作権侵害でも，著作権を有する者が告訴すれば，警察が書類送検し，起訴される可能性があるため，著作権侵害を軽視することはとても危険です。

保育園やその職員が著作権をめぐるトラブルに巻き込まれることのないように，保育事業者は，施設長や保育士各々の倫理観に漠然と委ねるのではなく，園全体として，著作権管理体制に取り組むことが重要です。

法的解説

1　著作権侵害に対する法的責任

他人の著作物をコピー（複製）して使用した場合には，著作権侵害を民事上の責任および刑事上の責任が問われる可能性があります。

民事上の責任としては，例えば，ある教材をコピーして生徒全員に配布してしまった場合には，その教材の標準小売価格×配布された生徒数に算出された価格が著作権者の損害として，損害賠償請求される可能性があります。

刑事上の責任として，著作権法上，著作権法に違反した場合の「罰則」が規定されており，著作物をコピーするなど著作権を侵害した職員に対しては

「10年以下の懲役もしくは1千万円以下の罰金」に処せられます（著作権法119条1項）。

加えて，法人の従業員が著作権を侵害した場合にも，その従業員が処罰されるのに加えて，使用者である法人等にも3億円以下の罰金が課される可能性があります（著作権法124条）。

2　著作権法上，著作物の複製が認められている場合

著作物を利用するすべての場合において，著作権者の許諾が必要となるとすると，著作権者が許諾しない場合には，その著作物を利用することが不可能となり，著作物の円滑な利用が阻害され，文化の発展に寄与するという著作権法の目的に反することとなります。

このため，著作権法では，合理的な理由がある場合には，著作権者の権利を制限し，著作権者の許諾を得ずとも著作権を利用できることとしています。例えば，次のような例外規定があります。

(1)　営利を目的としない上映等

著作権法上，すでに公表された著作物については，営利を目的とせず，かつ，聴衆又は観衆から鑑賞のための料金を取らない場合には，公に上演し，演奏し，上映し，口述することができるとされています（著作権法38条）。

この点，保育所における活動について本条の適用を否定する考えもありますが，JASRAC（一般社団法人日本音楽著作権協会）※ では，本条や著作権法35条が学校その他の教育機関における複製を認めていることなどを勘案し，認可保育所について，JASRACの許諾を得ることなく，保育所のカリキュラムや園内行事で曲を使用することを認めているようです。このため，認可保育所においては，JASRACの許諾を得ることなく，例えば，有名な曲を運動会の行進曲として放送することや，発表会で児童が有名な曲を演奏することができます。

※　JASRAC（一般社団法人日本音楽著作権協会）は，国内の作詞者，作曲者，音楽出版社などの権利者から著作権の管理委託を受けている団体です。膨大な数の楽曲を管理し，演奏，放送，録音，ネット配信などさまざまな形で利用される音楽について，利用者が簡単な手続と適正な料金で著作権の手続ができるように窓口となっている組織です。

⑵　引　用

著作権法上，公表された著作物は，引用して利用することができます。ここで「引用」と認められるためには，以下の要件を満たす必要があります。

①　引用する著作物が「公表」されていること

②　引用が公正な慣行に合致すること

具体的には，引用の必要性や必然性が一般的に認められることが必要となります。なお，慣行は各業界や著作物によって異なるとされています。

③　引用がその目的上正当な範囲で行われたこと

④　引用部分とそれ以外の部分の「主従関係」が明確であること

具体的には，引用して利用する側の著作物と引用されている側の著作物とを明瞭に区別できること，および，引用して利用する側の著作物が主（メイン）で，引用されて利用される側の著作物が従（サブ）の関係にあることが必要とされています。

⑤　引用部分が明確になっていること

かぎ括弧や段落分け，フォントを変えるなどの方法により，引用部分がはっきり区別できる状態にしてあることです。

⑥「出所の明示」があること

引用する場合には，引用者には著作物の出所を明示する義務が課されています（著作権法48条）。

例えば，次のように記載します。

ウェブページの場合：

（出典）サイトの運営主体_「ウェブページのタイトル」_〈URL〉

書籍の場合：

（出典）著者名_書名_出版社名_出版年月日_該当ページ

さらに調べるには

○　文化庁「著作権テキスト」

○　文化庁長官官房著作権課「学校における教育活動と著作権」

○　文化庁「著作権Ｑ＆Ａ～教えてぶんちゃん～」（http://saiteiseido.bunka.go.jp/chosakuken_qa/）

インターネット上の地図・画像の引用

インターネット上で提供されている地図を，保育園のウェブサイトに貼りたいと考えています。

著作権法上，問題はあるでしょうか。

Point

・地図を提供する著作者が作成するガイドラインを確認
・利用規約が定める使用方法に基づく使用
・著作権管理体制の確立

回　答

インターネット上には多くの地図が公開されており，検索機能があったり，拡大・縮小できたりと，非常に有用です。

しかし，これらの地図も，著作権法上保護されている「著作物」に該当します。このため，たとえ，インターネット上で公開され，インターネットを通じて誰もが自由に閲覧・活用することができる地図であったとしても，著作権法上，原則として，地図の提供者（著作権を有している者）の許諾を得ることなく，複製することは認められません。

このため，インターネット上で提供されている地図をコピーして，保育園のウェブサイトに貼り付ければ，著作物を無断で複製する違法な行為として，民事上，刑事上の責任が課される可能性があります。

しかし，一般的に活用されているGoogleマップやYahoo!地図などでは，ガイドラインが定められており，一定の場合に地図を使用することが許諾されています。

このため，本事例においても，地図の提供者が定めるガイドラインを確認し，これに従って使用する場合には，インターネット上で公開されている地図を，保育園のウェブサイトに貼り付けることも可能です。

ガイドラインの内容は，提供者によってさまざまであるため一概にはいえませんが，例えば，次のような事項が定められている場合があります。

・コンテンツ（地図）を使用するときは，その権利帰属を明確に表示すること（例えば，多くの地図の右下に記載されている「Map data©2017○○」などの表記がこれに該当します。）

・地図に情報を追加する場合は，外観を大きく変えないこと（例えば，地図の色を変えたり，画像を修正したり（雲やぼやかしを追加するなど）することはできません。）

・配布数が多量ではなく，また，ガイドブック等で使用する場合でなければ，数枚の画像を書籍で使用することは可能

・社内レポート，プレゼンテーション，提案書その他のビジネス文書に使用することは可能

留意事項

インターネット上で提供されている地図などの使用に関するガイドラインは公開されているため，誰もが自由に内容を確認することができます。

しかし，ガイドラインは，多くの法律用語が用いられており，また，文章も複雑であることが多いため，一般の職員が自らこれを理解することは不可能です。

このため，職員各々の能力や判断に委ねるのではなく，保育園全体として，著作権に関わる問題に適切に対処するための対策を十分に講じておくことが必要です。具体的には，以下のような方法で，著作権管理体制を整えておくことが望まれます。

1　著作権管理体制の確立

Q37「知育教材のコピーと著作権侵害」で述べたとおり，他人の著作権を侵害した場合には，民事上又は刑事上の責任を問われる可能性があります。また，昨今，著作権に対する権利意識が高まりつつあり，インターネット上数万円で販売されている写真を誤って引用した事案で弁護士から損害賠償請求の通知書が送付されたケースもあります。

このため，安全管理や情報管理同様に，著作権に関しても，管理体制をしっかりと確立しておくことが望まれます。

具体的には，法人内に著作権管理担当者（例えば，総務部や人事部など）を設け，著作権の管理に関する責任と権限の所在を明確にします。

そして，著作権管理担当者主導のもとで，職員に対する研修計画を策定したり，保育園内のガイドラインを作成し，保育園内の著作権に関する課題・問題に対応します。

ガイドラインの内容としては，例えば，先に述べたとおり，提供元が公開している使用方法に関するガイドラインは一般の職員にとってとても難解な文章ですので，「インターネット上の地図や画像を利用する場合のマニュアル」などと題して，誰でも理解できるような内容にまとめておくのが有用です。

もちろん，内部の職員だけで対応することは難しいと考えられるため，顧問弁護士などと相談しながら，正しい内部マニュアルを作成すべきでしょう。

その他，著作権管理担当者を相談窓口と定めて，職員が困った時は，いつでも問い合わせることができるような体制を確立しておくべきでしょう。

また，日常業務において，一時的に，施設長の先生方が判断されることになると思いますので，特に施設長の先生向けに，研修などを行っておくべきです。

研修の方法については，外部弁護士やコンサルタント会社に依頼する方法のほか，文化庁ウェブサイトに掲載されている教材等（https://www.bunka.go.jp/seisaku/chosakuken/seidokaisetsu/index.html）を利用して内部研修を実施することも考えられます。

法的解説

著作権法は「著作物」にかかる「著作者の権利」を保護していますが，ここで「著作物」とは，「思想又は感情を創作的に表現したものであって，文芸，学術，美術又は音楽の範囲に属するもの」と定義されています（著作権法2条1項1号）。

具体的には，書籍などの著書にとどまらず，音楽，講演（スピーチ），演劇・ダンス，美術品，建造物，地図・図形，写真，映画，そしてコンピューター・プログラムまでも，一定の要件を満たす場合には，著作権法上の保護

を受ける「著作物」に該当する可能性があります。

「著作物」に該当する場合，著作者は次のような権利を保有することになります。なお，著作権は，著作物が創作された時点で自動的に付与されます。このため，権利を得るための手続は，一切必要ありません。

著作者人格権	公表権	まだ公表されていない自分の著作物を公表するかしないか，あるいはどのような形あるいは時期で公表するかを決めることができる権利
	氏名表示権	自分の著作物を公表するときに，著作者名を表示するかどうか，あるいはどのように著作者名（実名，変名など）を付すかを決めることができる権利
	同一性保持権	自分の著作物の内容又は題号を自分の意に反して勝手に変更，切除その他の改変を受けないという権利
著作権（財産権）	複製権	著作物を印刷，写真，複写，録音，録画などの方法によって有形的に再製する権利
	上演権・演奏権	著作物を公に上演したり，演奏したりする権利
	上映権	著作物を公に上映する権利
	公衆送信権	著作物について公衆送信を行う権利
	公衆伝達権	公衆送信されるその著作物を受信装置を用いて公に伝達する権利（公衆送信された後も著作物の流れていく先をコントロールする権利）
	口述権	言語の著作物を朗読などの方法により口頭で公に伝える権利
	展示権	美術の著作物と未発行の写真の著作物の原作品を公に展示する権利
	頒布権	映画の著作物の複製物を販売したり貸与したりして頒布する権利
	譲渡権	映画以外の著作物の原作品またはその複製物を公衆に譲渡する権利
	貸与権	映画以外の著作物の複製物を公衆に貸与する権利
	翻訳・翻案権	著作物を翻訳，編曲，変形，脚色，映画化その他翻案する権利
	二次的著作物の利用権	自分の著作物を原作品とする二次的著作物を利用することについて二次的著作物の著作権者が持つものと同じ権利

※　二次的著作物とは，原作（オリジナル）の著作物に新たな創作性を加えて作られた著作物をいいます。例えば，小説を映画化した場合はその映画が二次的著作物に該当します。

さらに調べるには

○　文化庁「著作権テキスト」

○　文化庁著作権課「学校における教育活動と著作権」

○　文化庁「著作権Q＆A～教えてぶんちゃん～」（http://saiteiseido.bunka.go.jp/chosakuken_qa/）

利用料金の滞納者への対応方法

保育園の利用料金を長期にわたって滞納している保護者がいます。

保育園が滞納されている利用料金を回収する方法としては，どのような手段が考えられますか。

Point

・督促状の発送
・任意的な回収方法の検討（合意書の作成方法）
・強制的に回収する方法の検討（法的手段）

回　答

利用料金が滞納されている場合，保育園の評判への影響力などを考えると，保育園としては，必ずしも，強硬な手段を取ることができないため，非常に悩ましい問題です。

このため，実際には，保育園の規模，保護者の個性，在園児か卒園児か，滞納されている金額など，個別具体的な事情を考慮し，慎重に滞納された利用料金の回収をはかる必要があるものと考えられます。

本稿では，このように滞納利用料金の回収に悩ましい問題があることを踏まえたうえ，保育園が最終的に取り得る強硬な滞納利用料の回収手段についてご紹介します。

1　督促状の発送

利用料の滞納が開始された場合，最初の段階では，「連絡書」や「利用料支払いのお願い」などの書面を保護者に交付するのが一般的ですが，それでも利用料の滞納が解消されない場合には，まずは，保護者に対して，強く滞納利用料の支払を求める最後通告としての通知書を送付します。

タイトルは，「催告書」「督促状」「催告兼利用契約解除通知書」などを用います。文章内容は，滞納されている利用料の内容を明記したうえで，以下のような事項を盛り込みます。

① ○年○月○日（確定した期限を設けずに「本書面到達後○営業日以内」という期限を設けることもあります。）までに滞納利用料全額を支払うこと

② 期限内に全額の支払がない場合には，止むを得ず，滞納利用料金の回収を図るために，法的措置を講ずること

③ （在園児の場合）期限内に全額の支払がない場合には，止むを得ず，利用契約を解除すること

交付方法としては，直接交付や普通郵便での郵送ではなく，より厳格な内容証明郵便の方法によることが望まれます。

内容証明郵便とは，いつ，どのような内容の文書を誰から誰に差し出されたかということを郵便局が証明する文書です。文章の内容に字数や行数制限があったり，同一の文書を３通作成し所定の場所に捺印をしなければならなかったり，利用方法が細かく定められています。このため，内容証明郵便を初めて発送する際には，必ず郵便局で利用方法について確認してください。

なお，内容証明郵便を発送する場合には，相手に配達されたことを郵便局が証明する配達証明というサービスをつけることがあります。しかし，内容証明郵便の方法のみによっても，追跡は可能ですので，特に必要とする理由がある場合を除き，配達証明付の内容証明郵便を送る必要はありません。

なお，卒園児の転居先が明らかでないなど，保護者の住所地が明らかでない場合，弁護士は住民票を調査し転居先住所を追跡することが可能であるため，弁護士に通知書の発送を依頼するのが有用です。

2　合意書の作成

利用料金の滞納について，保護者から支払の猶予を要請された場合は，金額が少額な場合は口頭での約束でよいと思われますが，滞納利用料金が高額に上っている場合や保護者が保育園との約束を何度も破るような場合には，保護者との間で，滞納利用料金の支払に関する合意書を作成することも検討すべきでしょう。

合意書を作成する場合，合意書には通常以下のような事項を記載します。

① 滞納されている利用料金の金額（遅延損害金を含む。）の確認

② （支払を一定の時期まで猶予する場合）支払を猶予する期間

③ （分割払を認める場合）滞納利用料金の分割払いの方法

④ 分割払を１回でも怠った場合は直ちに残額を一括で返済すること

3　法的手続

保育園が保護者に対して再三にわたり滞納利用料金の支払を促したにもかかわらず，保護者が応じない場合には，法的手続を利用して債権回収を図ることも検討すべきでしょう。

法的手続を利用して債権回収を図る場合には，まず裁判などを通じて判決などを取得し，その後，この判決などに基づいて強制執行を申し立てて保護者の預金口座などを差し押えることになります。具体的には以下のとおりです。

(1)　判決などの取得方法

判決などを取得する方法としては，以下の方法があります。

① 通常訴訟

通常の裁判手続になります。滞納されている利用料金が140万円以下の場合には簡易裁判所に，140万円を超える場合には地方裁判所に裁判を提起することになります。裁判を提起できる裁判所は，利用契約書に定められている場合にはその裁判所に，利用契約書に定められていない場合には保育所事業者の本店所在地又は保護者の住所地のいずれかを管轄する裁判所に訴えることになります。

② 少額訴訟

滞納利用料金が60万円以下の場合には，少額訴訟を利用することができます。この手続は，１回の審理で裁判が終了するため非常に簡便で有用な手続です。

③ 支払督促手続

支払督促手続は，通常訴訟や少額訴訟とは異なり，裁判所に書面を郵送するだけで（裁判所に出頭することなく）判決と同様の効力がある仮執行宣言付支払督促を取得することができます。証拠も提出する必要がないため，少額訴訟手続よりもさらに簡便な手続といえます。ただし，相手から「異議」が出された場合には，通常訴訟に強制的に移行されます。異議の理由は，何でもよいとされており，例えば，分割払いを希望するという理由でもよいとされているため，比較的簡単に通常訴訟に移行してしまいます。

⑵　強制執行

⑴の手続によって判決などを取得した場合，その後，相手の資産から強制的に回収を図るため，執行裁判所に強制執行を申し立てることになります。通常は以下のいずれかの方法により回収をはかります。

①　預貯金口座の差押え

保護者の預金口座を差し押さえて，強制的に，口座の残高から滞納利用料金相当額を回収してしまう方法です。

②　給与差押え

保護者の勤務先からの給与を差し押さえて，強制的に，保護者の勤務先から保育園に一定の金額を支払ってもらう方法です。

③　自動車の動産競売申立て

保護者の所有する自動車を競売にかけ，売却代金から強制的に債権回収を図る方法です。

④　不動産競売申立て

保護者の所有する土地や建物を競売にかけ，売却代金から強制的に債権回収を図る方法です。滞納された利用料金の金額に照らすと，かなり大掛かりな回収方法になりますが，申し立てることは不可能ではありません。

留意事項

法的手続によって債権回収を図る場合，判決等を取得しても，強制執行を申し立てなければ，保護者の資産から強制的に滞納利用料金の回収を図ることはできません。また，事前に保護者の預貯金残高は明らかにならないため，預貯金口座差押えの申立てをしても，口座にほとんど残高が残っていない場合には，ほとんど滞納利用料金の回収ができない場合も考えられます。

第5章

人事労務

未払残業代をめぐる法的リスク

当園では，運動会の直前等，イベントが差し迫った時期になると，保育士たちが，飾り付けの準備などのために，自主的に夜遅くまで作業を行っています。当園としては，保育士に対し，残業を行うよう命じているわけではないのですが，このような残業について，法的なリスクはあるでしょうか。

Point

- 法定労働時間及び割増率の把握
- 時間外労働を行う保育士に対する注意・指導
- 労働時間法制違反の効果

回　答

事例のように，保育所や幼稚園業界の特性として，保育士が自ら進んでサービス残業を行おうとする状況が挙げられます。つまり，子どもたちに対し熱意をもって業務を行っている保育士ほど，子どもたちの晴れ舞台のためにできる限りの準備を整えたいという思いから，イベントのために凝った装飾を行うなどし，業務量が増える傾向にあります。そのため，結果として，保育士が，自主的に残業を行ってしまうものです。

しかし，残業，すなわち時間外労働の増加は，労働者の健康やゆとりとの関係で悪影響を及ぼすことから，労働基準法上，法定労働時間が規定されるとともに，当該法定労働時間を超える場合，使用者に対し，割増賃金の支払が義務付けられています。さらに，このような労働時間法制に違反すると，使用者は処罰の対象とされることになります。

かかる原則は，使用者が労働者に対し，時間外労働を命じた場合のみならず，労働者が自ら時間外に業務を行おうとする場合でも，そのような状況を使用者が黙認していたときは，同じように適用されると考えられます。

以下では，時間外労働について保育所がとるべき対応や，労働時間法制違反の効果について，より詳しく説明します。

1　法定時間外労働

⑴　法定労働時間

保育所は，保育士に対し，原則として，休憩時間を除き１日８時間又は１週40時間を超えて労働させることができません（労働基準法32条）。

そして，このような法定労働時間を超えて労働させる場合は，法定の割増賃金を支払わなければなりません（労働基準法37条１項）。

⑵　割増賃金の計算

現在，労働基準法の定める最低割増率は，時間外労働について，月60時間以下の部分につき25パーセント以上，月60時間を超える部分につき50パーセント以上，休日労働について35パーセント以上，午後10時から午前５時までの深夜労働について25パーセント以上とされています。

したがって，例えば，労働時間が午前８時から午後５時まで（休憩時間１時間を含む。）の保育士が，午後11時まで勤務した場合，午後５時から午後10時までの時間外労働５時間につき25パーセント以上，午後10時から午後11時までの深夜時間外労働１時間につき50パーセント以上の割増賃金を支払わなければなりません。

2　時間外労働に対する注意・指導

事例のように，保育士が自主的に時間外の作業を行っている場合でも，当該保育士が保育所の明示又は黙示の指示により業務に従事していたと判断されるときは，保育所の残業命令による時間外労働と認められる可能性があります。

裁判例の中には，残業命令の有無にかかわらず，時間外労働につき従業員による申告制としながら，事実上使用者がその申告を抑制していたとみるべき場合に，当該時間外労働に対する割増賃金の支払義務を認めた例があります（かんでんエンジニアリング事件・大阪地裁平成16年10月22日判決（労経速1896号３頁））。

したがって，保育所は，保育士の準備作業に関し，時間外労働と認められるリスクに備え，割増賃金を支払う用意がないときは，当該保育士に対し，かかる作業は必要な範囲にとどめ，日中の空いた時間に回すなど残業を行わないよう注意や指導を行う必要があります。

このように，保育所としては，保育士の時間外の作業を容認していないことを明らかにすることが重要です。

3　労働時間法制違反の効果

⑴　損害賠償責任

割増賃金の支払義務に違反した場合，保育所は，保育士に対し，債務不履行責任（民法415条）として，本来支払われるべき割増賃金及び本来支払われるべき日の翌日からの遅延損害金を支払わなければなりません。

割増賃金請求権は，本来割増賃金が支払われるべき日から５年間（当分の間は３年間）行使しない場合は，時効によって消滅します（労働基準法115条，115条の２及び143条３項）。もっとも，裁判例の中には，割増賃金請求権が時効消滅した場合であっても，使用者代表者に対し，時間外労働をめぐる管理体制を整備すべき義務に違反したことを理由に，不法行為責任（民法709条）として，未払割増賃金相当額の損害賠償責任を認めたものもあります。

⑵　付加金の支払

使用者が割増賃金の支払義務に違反した場合，裁判所は，使用者に対し，労働者の請求により，使用者が本来支払わなければならない割増賃金とは別に，これと同一額の付加金の支払を命ずることができるとされています（労働基準法114条）。

⑶　罰　則

労働基準法上，違法な時間外労働を行わせ，又は割増賃金の支払義務に違反した者は，６か月以下の懲役又は30万円以下の罰金に処するとされています（労働基準法119条１号）。

刑事訴追がなされ，このような罰則が適用されるのは，法令違反の状態が是正されず，その態様が悪質な場合などに限られます。仮に，労働基準監督署において是正の必要を認め，以下のような書面が交付されたときは，指定期日までに是正のうえ，労働基準監督署に対し，速やかに是正報告書を提出することが重要です。

① 是正勧告書

労働基準監督官が，法令違反があると認めた場合に交付されます。

② 指導票

労働基準監督官が，法令違反とまではいえないが改善を図る必要があると判断した場合に交付されます。

留意点

1　適法な法定時間外労働

原則として，法定労働時間を超える時間外労働は許されませんが，例外的に，労働基準法上の以下の要件を満たす場合，当該時間外労働は適法であるとされます。

① 災害等による臨時の必要がある場合で行政官庁の許可を受けた場合（労働基準法33条１項）

② 労使協定を締結し，行政官庁に届け出た場合（労働基準法36条）

もっとも，適法な法定時間外労働に対しても，割増賃金を支払わなければならないことに留意する必要があります。

2　労働時間法制をめぐる動き

違法な長時間労働の削減に向けた取組みとして，平成27年，東京労働局と大阪労働局に，違法な長時間労働を行う事業所に対して監督指導を行う「過重労働撲滅特別対策班」があらたに設置されました。このように，時間外労働の問題に対しては規制を強化する機運が高まっており，保育所においても，保育士の労働時間管理を見直す必要があるでしょう。

さらに調べるには

○ 使用者代表者に対し，「従業員の出退勤時刻を把握する手段を整備して時間外勤務の有無を現場管理者が確認できるようにするとともに，時間外勤務がある場合には，その請求が円滑に行われるような制度を整えるべき義務を怠った」ことを理由に不法行為を原因とする未払時間外勤務手当相当分の損害賠償責任を認めた事例（杉本商事事件・広島高裁平成19年９月４日判決（裁判所ウェブサイト））

Q41 就業規則の改訂ポイント

保育園を開園してから一度も就業規則を改訂したことがありません。法令の改正に適合させるとともに，より使いやすい就業規則に改訂したいと考えています。

まずはどのような点について改訂を検討すべきでしょうか。

Point

・試用期間の短縮・延長，本採用拒否事由の明記
・具体的かつ詳細な服務規律の記載
・パワーハラスメントに該当する行為の明確化
・退職時に職員が遵守すべき事由を明記

回　答

就業規則を整備するポイントは多岐にわたりますが，特に，次の点についてはトラブルが多いため，優先的に検討すべきでしょう。

・試用期間，本採用拒否に関する事項
・服務規律に関する事項
・パワーハラスメントに関する事項
・懲戒処分に関する事項
・退職に関する事項

1　試用期間，本採用拒否に関する事項

採用に関する事項は，法令上，就業規則に必ず記載しなければならない事項ではありません。このため，就業規則に規定せずに内規などで示すことも可能です。しかし，特にトラブルになりやすい試用期間終了時の本採用拒否に関する事項については，手続を明確に規定しておくことが望まれます。

⑴　試用期間の短縮又は延長

試用期間は労働者の適格性を判断するための観察期間ですので，人によって，この試用期間の長さを柔軟に変更できるように規定しておくことが有用です。このため，必要に応じて，会社が試用期間を「短縮」又は「延長」できる旨を定めておくべきでしょう。

⑵　本採用拒否事由

試用期間中又は試用期間満了時の解雇（本採用拒否）は，普通解雇と比べて，比較的緩やかに認められます。

もっとも，本採用拒否の場合も，従業員の業務遂行能力，勤務態度などを考慮のうえ，社会通念上相当と認められる場合に限られます。

そこで，問題のある従業員を採用してしまった場合であっても，試用期間終了時にスムーズに本採用を拒否することができるように，普通解雇事由とは別に，本採用拒否の根拠となる基準を，就業規則上にある程度具体的に列挙しておくことが有用です。

なお，本採用拒否に関する留意点については，Q51を参照してください。

2　服務規律に関する事項

保育所の望まない行動を保育士がした場合，保育所として，的確に業務命令を発し，あるいは処分をすることができるように，従業員が守るべき行動基準を就業規則に定めておくべきでしょう。

一般的に，従業員が守るべき行動基準は，就業規則上の「服務規律」に定められます。従業員が守るべき行動基準のルールですので，抽象的な項目を列挙するのではなく，できる限り具体的かつ明確に規定することが望まれます。服務規律として規定する主な内容は，就業や職場のあり方に関連する事項（出退勤の記録，遅刻・早退・欠勤の手続，私用外出，服装・身だしなみ，上司の指示・命令の遵守，職場秩序・風紀の維持など），会社の施設管理に関する事項（会社の物品の管理・保全，会社施設の利用制限，会社内での集会・宣伝活動・政治活動・宗教活動の制限など），従業員としての地位・身分・業務外活動に関連する事項（会社の信用・名誉の保持など）があります。

また，服務規律違反が疑われる場合に，違反の事実関係を確認することができるように，ヒアリングや所持品検査も必要な範囲で行うことができるように規定しておくべきでしょう。

なお，服務規律については，Q49，Q50を参照してください。

3　パワーハラスメントに関する事項

パワーハラスメント（以下，「パワハラ」といいます。）とは，同じ職場で働く者に対して，職務上の地位や人間関係などの職場内での優越的な関係を背景とした言動であって，業務上必要かつ相当な範囲を超えて，労働者の職場環境を害する行為をいうものとされています（労働施策総合推進法30条の２第１項）。

しかし，「必要かつ相当な範囲」という基準が曖昧であるがゆえに，部下の指導のために行った園長の一般的な言動が，部下の保育士にパワハラと受け取られてしまう場合があります。逆に客観的にみればパワハラに該当する言動であるにもかかわらず，園長が通常の指導方法だと思っている場合もあります。

そこで，保育所内でパワハラに関するトラブルが生じることのないように，就業規則上に，どのような行為がパワハラにあたるのか（例えば「仕事上のミスについて，一方的にしつこく又は大勢の社員が見ている前で責め続けること」など），具体例を列挙し，職員にパワハラの基準を示しておくことが重要です。

なお，パワハラ対策についてはQ56を参照してください。

4　懲戒処分に関する事項

就業規則上の懲戒処分規定の定め方については，「懲戒の種類ごとに具体的事由を定めるのではなく，包括的に記載したうえで，該当行為の内容や程度により処分を決める」という方法もありますが，この場合，結局，基準が明確でないため，適切な懲戒処分の種類を選択することができず，軽い懲戒処分から順番に行使せざるを得なくなります。

そこで，就業規則上は，懲戒処分の種類ごとに，具体的に該当事由を記載し，問題を起こした社員に対して，該当する就業規則上の根拠を明示したうえで，適切な懲戒処分を行使することができるように定めておくことが有用です。併せて，懲戒処分決定までの期間，出社を認めることが適当でない場合，当該職員に自宅待機を命ずることができる根拠となる条文も必ず定めておくべきでしょう。

なお，懲戒処分上の留意点については，Q58，Q59を参照してください。

5　退職に関する事項

保育所においては，退職職員に，次のような事項を守ってもらう必要があります。しかし，退職後の職員には就業規則の効力が及ばないため，退職時に誓約書の提出を求めるなど，退職職員にもルールを守ってもらうための対策を退職前に講じておく必要があります。

・園児の個人情報を漏えいしない。
・園児のプライバシーを侵害しない。
・園児の個人情報に関わる書類は全て退職時に保育園に返却する。
・保育所内の内部事情を外部に漏えいしない。

具体的には，就業規則上の退職に関する規定に，退職職員は退職にあって，園児の個人情報・プライバシーを漏えいしないこと，保育園の機密情報を漏えいしないことなどを誓約する誓約書を提出しなければならない旨を定めておくとよいでしょう。

なお，職員退職時の留意点については，Q52を参照してください。

留意事項

保育所は，就業規則上の「服務規律」に，自園独自の保育士が守るべき行動基準を定めることができますが，無制限に定められるわけではありません。行動基準一つ一つに合理的な理由がなければなりません。

就業規則上のその他の規定についても，社会通念上，相当と認められない規定は無効となるおそれがあります。このため，就業規則改訂にあたっては，当該改訂内容が関係法令に照らし無効とされないのか，という点についても留意する必要があります。

さらに調べるには

○　新卒採用者について，採否決定当初知ることができず，また知ることが期待できないような事実を知るに至った場合で，その者を引き続き雇用するのが適切でないと判断することが，解約権留保の趣旨，目的に照らして客観的に相当であると認められる場合は，解約権を行使できるとされた事例（三菱樹脂事件・最高裁昭和48年12月12日判決（判時724号18頁））

○　厚生労働省「あかるい職場応援団」（https://www.no-harassment.mhlw.go.jp）

人材定着のために考えておくべきこと

保育士を募集してもなかなか採用に至らず，また，採用してもすぐに辞めてしまう保育士が多いため，深刻な人材不足に陥っています。

職員が辞めない保育所にするために，どのような対策を講じておくべきでしょうか。

Point

・離職理由の分析
・保育所の保育理念・保育方針を共有できる保育士の採用
・実情に即した対策の選択・導入

回　答

1　離職理由を分析すること

人材が定着しない理由は，保育所によってさまざまです。そこで，人材定着対策を講じる前に，人材が定着しない理由を徹底的に分析する必要があります。

まずは，組織全体の離職者の推移，各施設での離職者の推移，職歴別の離職者の推移など，あらゆる側面から職員の離職状況を正確に把握することが重要です。

併せて，職員が離職するに至った本当の理由を分析しておくべきでしょう。ここで重要なことは，表面的な退職理由ではなく，退職者の真の退職理由を把握することです。人事担当者などが，退職者と個別面談を行ったり，施設長や他の保育士などからヒアリングをしたりして，具体的な退職理由を把握すべきでしょう。

そして，退職理由から，退職につながる原因として職員が抱えている問題を突き止め，これに応じた人材定着対策を導入します。

この際，特定の退職者の「個別的な退職理由」のみを前提に，人材定着対策を導入することは適切ではありません。複数の退職者の退職理由を把握し，各施設や法人全体が抱える問題を丁寧に分析すべきでしょう。

2　保育理念・保育方針を共有できる職員の採用

保育業界では，恒常的に人材不足に陥っていることから，配置基準を満たすために，募集してきた保育士を十分に検討せずに，とにかく採用してしまいがちです。

しかし，このような採用活動により，保育所の保育理念・保育方針を共有できない職員を万が一採用してしまうことがあれば，保育所全体として統一的な保育サービスが提供できなくなり，サービスの質が低下したり，保育業務に対する考え方の違いから職員間に不調和が生じたりする状況になりかねません。

このため，保育士を採用する際には，「保育所の保育理念・保育方針を共有できない保育士は採用しない」という思い切った決断をすることも時には必要です。

保育所と保育士との間でミスマッチが起きることのないように，保育所の保育理念・保育方針を丁寧に説明し，その理念・方針を共有できる職員のみを採用したいと考えている旨を明確に伝えるとともに，保育所が職員に求めていること，すなわち，保育所が考える理想の保育士像についても，必要に応じて伝えておくべきでしょう。

3　人材定着のための三つの対策

多くの場合は，職場環境にかかわる問題，業務負担にかかわる問題，モチベーションにかかわる問題のいずれかに該当します。

そこで，人材定着にかかわる対策を検討する際には，①職場環境の改善，②業務負担の軽減，③モチベーションを維持する仕組みの三つの切り口からバランス良く検討することが有用です。

⑴　職場環境の改善 (⇒Q43)

保育所職員の多くは女性ですので，結婚・出産・育児など女性のライフステージの変化にも対応できる職場環境を整えることが重要です。具体的には，短時間勤務体制の導入，復職制度，職員の子どもの預かり先斡旋などが考えられます。

⑵　**業務負担の軽減**（⇒Q44）

保育士の職場での膨大な業務量，長時間勤務，体力などの不安から離職を選択する職員も多くいます。

このため，保育士の心理的な負担と身体的な負担を軽減する仕組みを導入することが重要です。具体的には，安全管理体制を構築し職員の事故への不安を払拭したり，連続休暇制度の取得を奨励したりする方法などが考えられます。

⑶　**モチベーション維持**（⇒Q45）

職場の人間関係やキャリアプランの不明瞭さから退職する職員に対応するため，職員の納得する評価制度の作成や職員の視点に沿ったキャリアパスを確立することが重要です。

留意事項

1　各保育所が抱える問題に応じた対策を導入する

保育士が定着しない原因は，保育所によってさまざまです。たとえ他の保育所が大いに成果を挙げた対策があったとしても，自らの保育所の規模や保育理念などを考慮せずに，安易にその対策をまねることは適切ではありません。仮にこのようなことをしてしまうと，かえって，職員が不公平感を抱いたり，不満を抱いたりするなど逆効果となる可能性すらあります。

保育所の人材定着率が上がらない理由を慎重に分析・検討したうえ，必要に応じてコンサルタントや弁護士などの客観的な意見を取り入れながら，それぞれの保育所で効果を発揮する対策を選び，バランス良く導入することが何よりも重要です。

2　社内体制を変更する場合には関係法令にも配慮する

社内体制を変更する際は，関係法令に抵触しないように留意するとともに，必要に応じて社内規程を変更しなければなりません。

例えば，従業員の労働条件に影響を与えるような社内体制の変更を行う場合には，労働基準法その他の関係法令に配慮しつつ，就業規則の改定や労使協定の再締結などを検討する必要があります。

3　給与の金額で他の保育所との差別化を図らない

給与の金額に魅力を感じて応募してきた職員の場合，さらに高い給与が支払われる保育所を見つけると，比較的抵抗なく転職してしまう可能性が高いと考えられます。他方で，保育理念・保育方針に強く共感して応募してきた職員は，仮により高額の給与が支払われる保育所があったとしても，自分が納得できる保育理念・保育方針に従った業務を行うことができれば，容易に転職はしないでしょう。

また，給与面を重視する職員と，保育理念を重視する職員とは，多くの場合考え方が相容れないため，同じ職場で両者が働いていると，職員間に深刻な不平，不満が生じる可能性があります。

このため，応募者が魅力を感じる最低限の給与を支給することは必要ですが，できる限り，給与の金額で他の保育所との差別化を図るのではなく，保育所がもっている保育理念・保育方針や保育サービスの魅力で差別化を図ることが重要です。

さらに調べるには

○　厚生労働省「保育人材確保のための『魅力ある職場づくり』に向けて」（平成29年4月）

○　厚生労働省委託事業　楽天リサーチ株式会社「保育士が働きやすい職場づくりのための手引き」

○　厚生労働省「人材確保のための雇用管理改善促進事業　人材確保に『効く』事例集」

○　厚生労働省職業安定局「保育士資格を有しながら保育士としての就職を希望しない求職者に対する意識調査」

Q43 人材定着対策（職場環境の改善）

保育士の人材定着率を上げるために，職員が働きやすい職場環境に改善したいと考えています。

どのような方法で職場環境を改善すべきでしょうか。

Point

・職員の声を拾い上げる仕組みの確立
・多様な勤務体系や労働条件の受入れ
・復職制度の導入

回　答

1　職場環境を把握する仕組み作り

職場環境を改善するうえで必ず考慮しなければならないことは，日常的な保育業務に支障をきたさない改善策を導入することです。

このためには，組織的に職員の声を拾い上げる仕組みを作ることが重要です。具体的には，以下のような方法が考えられます。

(1)　保育士調査の実施

全職員を対象に，職場環境に関するアンケート調査を行い（必要に応じて匿名記入にしてもよいでしょう。），保育士が日々抱えている職場環境に対する意識や悩みを調査します。

実施回数や時期については，特に効果的な回数や時期があるわけではないですが，例えば，職員の全体集会のときに配布したり，年度末の人事考課の際に自己評価シートなどと併せて配布したりすることが考えられます。

(2)　悩み相談窓口の設置

第三者のための苦情処理窓口と同じように，職員のための悩み・相談窓口を組織的に設置します。

この際，単に悩み相談窓口を設置するだけにとどまらず，担当者には，職員の悩みを把握することを職務として明確に命じ，上記(1)のアンケートのように，職員の声を拾い上げる方法を立案・実施させたり，拾い上げた声を分析しその改善策を立案するところまで担当させることが望まれます。

このため，悩み相談窓口を設置する場合には，組織図にその存在を明記するとともに，業務フローや社内規程を策定し，担当者の権限と義務の範囲を明確に定めておくべきでしょう。

2　職員全員で一つの保育理念・保育方針を共有

各保育士が持っている保育理念・保育方針が統一されていない場合，価値観の相違により職員間にトラブルが生じ，疲労・ストレスから職員が離職してしまうことがあります。

そこで，保育所としては，職場環境を改善する前に，まず，職員の保育業務に対する姿勢，すなわち，保育理念・保育方針の統一化を図ることに注力すべきでしょう。具体的には，以下のような方法が考えられます。

・保育所の保育理念・保育方針を共有できる保育士のみを採用する（特に，中途採用時には留意が必要）
・クレド（職員が意思決定や行動のよりどころにする基本指針）を定めるなど保育所の保育理念・保育方針を明確にする
・職員の全体集会などにおいて，定期的に代表者が自分の考える保育理念・保育方針を職員に直接伝え，共有する
・定期的に研修会を開催する

3　具体的な改善対策事例

職場環境を改善する具体的な制度としては，次のような制度があります。

(1)　多様な勤務体系・雇用形態の導入

職員のライフステージ（結婚，出産，育児，介護など）の変化に応じた多様な働き方を受け入れるために，多様な勤務体系・雇用形態を導入します。

具体的には，早番や遅番の勤務がなく勤務時間が固定されている準職員という職員区分を設けたり，勤務シフトを細分化したりする方法が考えられます。

ただし，多様な勤務体系・雇用形態を導入すると，シフトが回らなくなっ

たり，特定の職員のみに早番や遅番が集中してしまったり，職員間に不公平が生じてしまう危険性があります。

このため，導入時に勤務体系・雇用形態に応じた評価制度や賃金規程も作成し，待遇の偏りが生じることのないように配慮しなければいけません。

(2)　復職支援制度の導入

退職した保育士が復職しやすい環境を整えておくということも，人材を確保するうえでとても有用です。

例えば，出産のために退職した保育士が出産後に復職しやすくするために，職員の子どもを自園に預けることができる制度を導入する方法があります。

また，退職職員にも定期的に連絡を取りイベントに招待するなど，退職した保育士にとって身近な保育園であり続ける工夫も大切です。

(3)　職員の健康サポート

保育業務が過酷であるがゆえに，健康上の不安を抱えている職員も少なくありません。そこで，保育所の看護師が，園児だけでなく各職員の健康状態についても把握するようにしたり，職員が気軽に看護師に相談できる雰囲気作りをしたりしておくことが考えられます。

留意事項

1　バランスのとれた対策の導入

先に述べたとおり，例えば，一部の保育士にとって働きやすい職場環境にするために短時間のシフト制を導入した結果，それ以外の保育士が不公平感を抱き，結果として，職場の雰囲気が悪くなってしまうということがあります。職場環境を改善するための仕組み作りは，職員間の不公平感にも配慮して，多角的な視点から，複数の仕組みをバランスよく導入する必要があります。

2　制度導入の意図を丁寧に説明

導入する制度が職員のための制度であったとしても，新制度導入直後は，少なからず実務が混乱したり，新しい運用を覚えたりしなければならなくなるため，職員にとって大きなストレスになることも少なくありません。

職員のための制度として導入することを丁寧に説明しなければ，職員の理解が得られず，むしろ，反発を生む場合すらあります。

新しい制度を導入する場合には，保育所がその制度を導入する理由・意図を職員に対して丁寧に説明し，できる限り職員の理解と協力を求めることが必要です。

特に，本社スタッフ，各施設長（必要に応じて，主任，リーダーを含む。）は現場職員を指導監督する立場にあることから，各施設長等に対しては，他の職員よりも詳細に説明し，制度に関する疑問や懸念点を事前に払拭しておくことが望まれます。

3　コンサルタントと助成金制度の上手な活用

効果的な職場環境の改善を図るためには，専門的な知識や多様な経験を有するコンサルタントや弁護士などを利用することも有用です。また，職場環境の改善については，国の助成金制度を活用することができる場合があります。

そこで，保育所の内部スタッフのみで職場環境の改善に挑戦せずに，コンサルタント・弁護士と助成金制度を上手に活用して，真に効果的でリスクの低い職場環境の改善を行うことが有用です。

さらに調べるには

○　厚生労働省「保育人材確保のための『魅力ある職場づくり』に向けて」（平成29年4月）

○　厚生労働省委託事業　楽天リサーチ株式会社「保育士が働きやすい職場づくりのための手引き」

○　厚生労働省東京労働局「従業員の処遇や職場環境の改善を図る場合の助成金」（東京労働局ウェブサイト）

Q44

人材定着対策（業務負担の軽減）

業務量の多さや，身体的にも負荷のかかる業務が多いことから，体力面に不安を抱え，退職する職員が最近多くなりました。

離職率を少しでも低下させるために，保育所としては，どのような組織作りをするべきでしょうか。

Point

- 業務総量の把握
- 職場環境を把握する仕組みの確立
- 業務改善委員会の設置
- 休暇制度の工夫

回　答

1　業務負担の軽減を図るための仕組み作り

職員の身体的な負担を軽減するための仕組み作りをする場合，まず，どのような業務が職員の負担になっているのか，それはどの程度の負担になっているのかを把握し，現場の実務に即した形で，業務フローなどの運用を変更する必要があります。

そのためには，各保育士が日々抱える大量の事務作業を洗い出し，実務と改善策に乖離が生じることのないように現場の声を丁寧に拾い上げ，立場の異なる役職の人が議論を重ねながらアイディアを出して，最善の業務負担軽減策を構築する必要があります。

具体的には，以下のような手順を踏むことが望まれます。

(1)　各保育士の事務作業の洗い出し

各保育士が日々抱える大量の事務作業を洗い出すことは，非常に負荷の大きな作業になります。しかし，この洗い出し作業を行わずに業務負担軽減策を講じれば，改善策が場当たり的なものとなり，結果として，現場に混乱を招いたり，他の業務にしわ寄せが及んだり，ほぼ効果の見込めない改善策を講じてしまったりすることになりかねません。

このため，施設長，リーダー・主任，人事総務担当者が一丸となって，それぞれの立場から，各職員が行っている作業やその業務フローなどを洗い出し，書面などにまとめ上げることが望まれます。

ただし，初期段階から詳細な業務フローや作業内容を洗い出そうとすると，時間を要してしまい，洗い出し作業から一歩も前に進めなくなる可能性があるため，期間（1～2か月程度）を区切り，日常業務を行いながらできる程度の内容で作成することが適切です。

(2)　保育士の声を拾い上げる仕組み作り

職場環境を改善するうえで必ず考慮しなければならないことは，日常的な保育業務に支障をきたさない改善策を導入することです。

このためには，組織的に職員の声を拾い上げる仕組みを作ることが重要です。その際，現場に携わっていない経営者や職員の一方的な価値観に基づいて改善策を策定したり，他園で成功した事例をそのまま導入することは適切ではありません。

具体的な仕組み作りの方法については，Q43の回答1をご参照ください。

(3)　業務改善委員会の設置

前記のとおり，本気で職員のことを考え，真に効果的な業務負担の改善策を講じるためには，特定の担当者が業務負担の改善策導入に相当程度時間を費やし，主体的に行動して取り組む必要があります。

このため，業務改善を担当する担当者を組織として明確に定め，適切な責任と権限を付与するべきです。

具体的には，役員，人事総務担当者，各施設長，必要に応じて主任・リーダーからなる業務改善委員会を組織し，この委員会の中で，多角的な視点（経営面，財務面，人事面，実務面など）から意見を出し合います。なお，委員会は，現場担当者が経営者に業務の改善を求める非常に有用な機会ですので，施設長や主任・リーダーには，部下に代わり，現場職員が普段抱いている悩み・不平・不満等を積極的に主張し，その改善策を提案することが期待されます。

2　具体的な改善対策事例

業務負担を軽減する具体的な制度としては，次のような制度があります。

⑴　業務の削減

業務絶対量が減らない限り，業務負担の削減を図ることは不可能です。このため，固定観念に捉われず，以下のような業務については，思い切って運用を大幅に変更すべきでしょう。

・ICT化により手間を省ける業務

保育事業におけるICT化とは，保育士の書類作成等，業務負担軽減に資する機能を有したシステムを導入し，業務の効率化を図ることをいいます。

ICTの導入は，運用を大幅に変更するため一時的に職員に大きな負担がかかります。しかし，新しい運用に慣れてしまえば，職員の業務負担の大幅な軽減が期待できます。

ICT化は，単に職員の負担を軽減することだけにとどまらず，情報をシステム上で一元管理するため，個人情報保護の観点からも有用です。また，システムによっては，子どものアレルギー情報なども職員間で効率的に情報共有できるため，子どもの安全という観点からも役立ちます。さらに，地方自治体等によっては，ICT導入に助成金が交付されるため，助成金を上手に活用すれば，財務的負担も心配する必要はありません。

・外部に業務委託できる業務

例えば，人事に関する業務（給与計算その他人事労務に関する事務），運動会や音楽会などのイベントの際の内容の策定，園児の指導，書類の作成など，外部に事務処理や作成を委託できる業務は意外にあるものです。

当然に職員が行うべきものだと決め付けることなく，職員の意見を聞き，場合によっては，思い切って，職員が担当してきた業務を外部に委託することも必要と考えます。

⑵　有給休暇取得制度の工夫

職員が肉体的・精神的な疲労を回復するうえで，有給休暇の取得は非常に効果的な手段です。シフトを作成する施設長にとって，職員の休暇取得は非常に悩ましい問題ですが，職員が安心して長期的に働ける職場を目指すのであれば，やはり，有給休暇が取りやすい環境を整備すべきでしょう。例えば，職員から事前に連続休暇を取得したい時期を申請してもらい，それを踏まえてシフト調整（必要に応じてパートタイム保育士などの人員補充を行う。）を行い，職員全員が気兼ねなく長期休暇を取得できる制度を設けることなども考えられます。

⑶　職員スキルアップ研修

業務効率の向上を目的とした研修を開催し，職員一人ひとりのスキルアップを図ることにより，職員の業務負担の軽減が可能です。

例えば，保育記録その他書類の効率的な書き方，IT関連機器の効率的な利用方法など，ベテランの職員が無意識に行っているちょっとしたコツやノウハウを職歴の浅い人にも伝えることで，職員のスキルアップにつながり，園全体の業務効率を上げることが期待できます。

ここで注意すべき点としては，この研修は業務効率を上げることを目的とするものですから，新たな知識を教える研修ではなく，日常的な業務について，より効率的に行うにはどのような方法があるのかという点について研修を行うべきでしょう。

留意事項

業務の削減，残業の削減など業務負担の軽減のみを重視しすぎると，業務の質に対する優先度が下がり，保育サービスの質の低下を招くおそれがあります。加えて，仮に負担が大きくても質の高いサービスを提供したいと思っている保育士から思わぬ反発を受ける可能性もあります。このような事態に至れば，結果として，かえって保育士の離職率を上げてしまう結果にもなりかねません。

職場環境の改善策を策定する際には，常に，保育理念・保育方針や特色を念頭に置いて，その枠組みの中で改善を図っていくことが重要です。

さらに調べるには

Q43「人材定着対策（職場環境の改善）」の■さらに調べるにはを参照

人材定着対策（モチベーション維持）

将来に不安を抱える保育士の離職率を下げるために，次の仕組みを導入したいと考えています。どのように対応すればよいでしょうか。

(1)　保育所で優秀な人材を育てる仕組み

(2)　職員のモチベーションを維持するための仕組み

Point

- 「理想的な保育士像」の明確化
- 「理想的な保育士像」に基づいた公平な評価制度の導入
- 「理想的な保育士像」にのっとった体系的な研修制度

回　答

保育士不足が恒常化している保育業界において，優秀な保育士を確保するには，外部から採用するだけでなく，保育所の中で育成することも必要です。

ことに，施設長候補者として即戦力になる人材は，一般の保育士に比して不足していますので，将来的に保育事業の規模の拡大を目指すのであれば，自園で将来の施設長候補者を育て上げる仕組みを作っておくことは必須であるといえます。

また，このような制度作りは，職員のキャリアプランが明確になるため，将来に不安を抱える職員のモチベーションを維持するうえでも有用な手段と考えられます。

なお，人材の育成は，数か所のみの保育所を運営している比較的小規模の法人にとっても重要な課題です。このため，ここで取り上げる「優秀な人材を育て上げる仕組み作り」は，保育所の規模の大小にかかわらず，等しく積極的に取り入れるべきでしょう。

1　理想的な保育士像の確立

職員の将来への不安を払拭するためには，全体地図の中で現在地点と目指すべきゴールとを職員が把握できるようにすることが重要です。

目指すべき目標をはっきりと定められず，将来に対して不安を抱いている職員に対しては，保育所が職員に期待している「理想的な保育士像」は何かを明示することが必要です。

また，保育所の求める保育士像が明確でなければ，職員は，各人の個人的な価値基準（価値観）で自分や他の職員を評価し，自分とは異なる価値観を有する者を否定してしまうことも起こり得ます。結果として，職員間に不平不満が生じたり，信頼関係が損なわれたりします。

もしこのような事態に至れば，職員間の相互協力や連携が期待できなくなることで，保育の質が低下し，最悪の場合には，子どもの安心安全をも脅かすような事態を招くことにもつながりかねません。

そこで，保育所としては，保育士に対して，「保育士が職員に期待する役割」を明確に示すべきでしょう。

「理想的な保育士像」の作成方法ですが，以下のような項目について，職位（一般保育士，パートタイム保育士，主任，リーダー，副施設長，施設長など）ごとに，その職位で期待される役割・職務を具体的に定めることが望まれます。役割を決めるうえでは，各職位に応じて重視すべき項目の優劣を意識し，職員が見たときに項目間の優先順位がわかるような形で記載することが理想的です。項目作りに迷ったときは，保育所保育指針（厚生労働省）に定められた項目を手掛かりにするのも有用な手段です。

①　一般的な事項

・規律性（社内規程の遵守，その他施設におけるルールの遵守）
・協調性（報連相，チームワーク，他の職員への気遣い）
・責任性（判断力，時間とコスト意識，計画性など）
・積極性（自己啓発，チャレンジ精神など）

②　専門性に関する事項

・子どもの発達の理解，保育室の環境作り
・保育計画に沿った保育の実践
・保護者対応

・保育環境の衛生管理に関して期待する役割
・保育環境の安全管理に関して期待する役割

上記にも述べたとおり，職位に応じて，求められる能力を分けて記載する必要があります。例えば，次のように書き分けることができます。

例　「自己啓発」項目の場合

一般の保育士：内部・外部の研修に積極的に参加し，自主的に自己のスキルアップを図ろうと努力している。

主任保育士　：一般保育士に必要とされる能力に加えて，自ら研修を通して学んだことを，現場全体に生かすための創意工夫（施設長への提案など）をしている。
主任職員として後輩を指導監督する能力についても，スキルアップに努めている。

施設長　　　：施設内の全職員が向上心をもち，自己研鑽に努めるような環境作りに努めている。

例　「保育環境の安全管理」項目の場合

一般の保育士：積極的にヒヤリハット報告を上げるとともに，必要に応じて，ヒヤリハット事例について，先輩に相談している。

主任保育士　：自ら積極的に安全管理に取り組む。
担当現場の職員にヒヤリハット報告の重要性を伝え，ヒヤリハット報告を促す。報告されたヒヤリハット事例に基づき，必要な安全管理対策を提案する。

施設長　　　：施設内の全職員が安全管理の重要性を理解・実践できているかを把握し，必要な助言・指導をしている。報告されたヒヤリハットの内容に基づく，安全管理対策を策定・導入している。

2　「理想的な保育士像」に基づいた公平な評価制度の導入

上記1で作成した「理想の保育士像」を職員全体に浸透させる最も有用な手段は，「理想的な保育士像」を人事考課の査定基準としても用いることです。

例として，以下のような対応が考えられます。

・職員ごとに「理想的な保育士像」記載の項目の読み方が異なることがな

いように，職員向けの説明会を開催する。

・（人事考課に自己評価シートを用いている場合）上記１で作成した「理想的な保育士像」に基づき，自己評価シートを作成する。
・評価者（施設長）ごとに評価基準が異なることがないように，評価者向けの評価方法に関する研修を行う。
・（必要に応じて）人事考課規程を作成し，人事考課のルールを明確にする。
・（費用に応じて）賃金規程を改定し，人事考課の内容が適切に賃金に反映されるようにする。

3 「理想の保育士像」にのっとった体系的な教育制度の確立

「理想の保育士像」に近い保育士を育成するためには，管理部門において，どのような研修制度，指導体制を確立すればよいかを検討し，策定しなければなりません。

なお，教育体制は，後輩の指導を各指導担当者の判断に委ねすぎたり，各保育士の自主性に依存しすぎることなく，組織的に行うことが重要です。

留意事項

「理想の保育士像」は，実際の現場の状況に即して作成されたものでなければ，活用できずに意味をなさない基準になります。

他園の「理想の保育士像」を流用したり，現実的でない理想を管理部門で策定し現場に押し付けたりするのではなく，各施設長（必要に応じて主任やリーダー保育士も巻き込む。）の協力を得ながら，実現可能な「理想の保育士像」を作成しなければなりません。

さらに調べるには

○　厚生労働省「職業能力評価基準」（https://www.mhlw.go.jp/stf/seisakunitsuite/bunya/koyou_roudou/jinzaikaihatsu/ability_skill/syokunou/index.html）

借上社宅制度の導入

職員の福利厚生を充実させ，能力の高い保育士を確保するために，借上社宅制度を導入したいと考えています。

導入方法や導入にあたっての留意点を教えてください。

Point

・地域行政の住宅支援制度の有無を確認する
・社宅使用契約書，社宅管理規程の作成
・賃金控除に関する協定（24条協定）の締結

回　答

保育士の待遇改善策の一つとして，住宅支援制度が広く導入されています。

住宅支援の方法は，大きく分けて二つあります。保育園が契約している賃借物件に保育士が居住し，家賃の一部が自己負担として毎月の給与から天引きされる方法（借上社宅制度）と，毎月の給与に手当として支給される方法（住宅手当支給制度）です。

一般に，借上社宅制度のほうが保育士の自己負担分が低額となるため，住宅手当を支給する制度よりも，より保育士に手厚い住宅支援制度と考えられます。

借上社宅制度を導入する場合は，次の２点を検討することになります。

(1)　各自治体の住宅支援制度の調査

待機児童解消のための保育士等の人材確保を図るため，特定の地方自治体では，借上社宅制度を導入している保育運営事業者に対して補助金が支給されています（保育士宿舎借上げ支援事業）。

この保育士宿舎借上げ支援事業が利用できる場合，例えば，横浜市では対象経費（賃料，共益費など）の4分の3（上限あり）が，東京都中央区では対象経費の8分の7（上限あり）の補助金が支給されます。

このため，各自治体の保育士宿舎借上げ支援事業を利用することにより，借上げ社宅制度の導入に伴う事業者の負担を軽減することが可能です。

ただし，社宅を利用する保育士の実務経験が5年以下であることや常勤の社会保険被保険者であることなど，自治体ごとに，異なる細かい補助要件が定められています。

借上げ社宅制度を導入する場合は，各自治体の保育士宿舎借上げ支援事業の補助要件を確認し，補助金の交付が受けられるように制度設計をする必要があります。

⑵　社宅使用契約書，社宅管理規程の作成

借上げ社宅制度を導入するためには，少なくとも，社宅管理規程と社宅使用契約書を作成する必要があります。

社宅管理規程は，保育事業者が保育士に社宅を利用させる場合のルールを定める規定です。

社宅使用契約書は，保育事業者が保育士に社宅を使用させるにあたって，保育事業者と保育士との間で締結する契約書です。

それぞれの書類を作成するにあたって，以下のような点に留意する必要があります。

○　社宅管理規程

社宅管理規程では，次のような項目が記載されます。

・社宅利用規程の適用者に関する事項

自治体の保育士宿舎借上げ支援事業を利用する場合は，適用者の範囲を補助要件にあわせて規定しておく必要があります。

・社宅利用申込の方法，審査，決定に関する事項

保育士が社宅への入居を希望する場合の提出書類，審査方法，決定方法などについて定めておく必要があります。

自治体の保育士宿舎借上げ支援事業を利用する場合は，事業者が保育士に対して，自治体の指定する書類を提出させることができる旨も記載しておく必要があります。

・入居期間に関する事項

保育士が社宅を利用できる期間を定めます。

ただし，自治体の保育士宿舎借上げ支援事業を利用する場合は，補助要件や補助金が支給される期間などを考慮のうえ決定する必要があります。

・社宅使用料に関する事項

保育士が負担する額，および社宅使用料の支払方法について定めます。

自治体の保育士宿舎借上げ支援事業を利用する場合は，補助金額を考慮の上，保育士が支払う使用料を決定することになります。また，補助金の額が変更された場合，社宅使用料も改定できるように定めておくと有用です。

支払方法については，当月分の賃金から控除される旨定めるのが一般的です。

上記項目のほか，社宅管理規程には，社宅の使用に関する項目（禁止事項，退去事由，退去手続，退去時の原状回復義務など），補修に関する事項（社宅の設備が壊れた場合の補修申込方法，立入点検など）などが定められます。

○　社宅利用契約書

社宅利用契約書に定めるべき事項は，次のとおりです。

・社宅の表示（使用させる建物名，部屋番号）
・使用目的（居住のみのために使用することができる）
・使用期間
・社宅使用料，支払方法（必要に応じて，補助金の額が改定された場合は，社宅利用料も改訂される旨記載する）
・社宅管理規程との優劣（社宅管理規程と社宅利用契約書が矛盾した場合には，社宅利用契約書が優先されること）

留意点

1　職員への丁寧な説明

自治体の保育士宿舎借上げ支援事業を利用する場合，一定の要件を満たした職員しか社宅が利用できなくなるため，保育士採用の際に，社宅が利用できる職員の要件を丁寧に説明しておかないと，入社後，社宅を利用できると思って入社した保育士との間でトラブルになることがあります。

社宅管理規程のほかに，社宅管理規程の重要な事項をわかりやすくまとめたものを作成するなど，保育士の皆さんにとって，わかりやすく，利用しやすい制度にしておくとよいでしょう。

2　賃金控除に関する協定（24条協定）の締結

労働基準法上，賃金控除に関する労使協定（24条協定）などを締結しない限り，賃金は所定支払日に支払うことが確定している全額を支払わなければならないものとされています（全額払いの原則，労働基準法24条１項本文）。

全額払いの原則に違反した場合，使用者は，刑事罰として，30万円以下の罰金刑を課される場合があります（労働基準法120条１号）。

このため，賃金から社宅賃料を控除する場合には，その旨の労使協定を締結しておく必要があります。

3　社内整備に関する問題

既存の住宅手当を廃止し，新たに借上げ社宅制度を導入する場合には，賃金規程等を改訂する必要が生じます。

このため，借上げ社宅制度を導入するにあたって，他の社内規程も改訂する必要がないか慎重に検討する必要があります。

あわせて，多数の保育士を雇用する事業者の場合は，社宅管理業務が大きな負担となる場合があります。このため，既存の管理部門のメンバーだけで対応できない場合には，新たな人員を補充するなど，管理部門の体制も整えておく必要があります。

さらに調べるには

各地方自治体の保育士等職員宿舎借上げ支援事業については，各地方自治体のウェブサイトをご確認ください。

保育理念に協調しない保育士への対応

当園は，子どもたちに公園等における外遊びを思いきりさせてあげたいとの方針で運営していますが，保育士の一人が，外遊びは不衛生で危険であることや，外遊びの後の子どもたちの着替えが面倒であることなどを理由に，子どもたちの外遊びに協力しません。どうすればよいでしょうか。

Point

- 保育理念に協調しない保育士の言い分の聴取
- 当該保育士に対する業務命令書・改善命令書を用いた注意や指導
- 業務命令後の当該保育士の改善状況や，改善がない場合は当該保育士の不協調による園運営に与える影響等の証拠化
- 懲戒処分や解雇の検討

回　答

保育園は，従業員である保育士に対し，労働契約に基づき，労務提供の内容や方法，遂行すべき場所などを指揮命令する権利を有しています。そして，保育士は，保育園の指示に従った内容及び態様において，誠実に労務を提供しなければなりません。

本事例のように，多くの保育園は，独自の保育理念を有し，これに沿った園運営を行っていますので，従業員がその保育理念を否定するなど，協調性のない態度をとる場合には，園運営に支障を生じることがあります。このような場合，保育園は，以下のとおり業務命令権を適切に行使しながら，最終的には，必要に応じて懲戒処分等を行うことになります。

第１に，まずは保育理念に協調しない保育士の言い分を十分に聴き取りま

しょう。

保育理念に協調しない保育士に対し，後述のように業務命令権を行使するには，その保育士の不協調が正当な理由によるものでなく，業務命令が業務上の必要性に基づく相当なものであることが必要とされます。そこで，保育士の行動の理由を丁寧に聴き取ることが重要です。

また，保育士の言い分を聞くことによって，仮に保育士の主張が正当なものである場合は，園内の隠れたヒヤリハットに気付く契機となる可能性もあります（⇒Q10「ヒヤリハット導入のポイント」）。例えば，事例の場合，万一，当該保育士が外遊びは不衛生で危険であると考えた理由が，他の保育士の認識していないような事実に基づいたものであるときは，園内の安全衛生に関する方針を見直す契機となる可能性があります。

第2に，当該保育士の主張が正当なものでなく，単に，外遊びの後に子どもたちを着替えさせるのが手を汚すため面倒であるといった懈怠（けたい）等を理由とするものである場合は，注意や指導を行うことになります。

注意や指導の際は，口頭で行うほか，業務命令書・改善命令書を交付するなど，形に残る方法で行うことが重要です。業務命令書・改善命令書には，注意や指導の具体的内容を明記したうえ，交付日及び作成名義人も正確に記載します。後日の紛争を避けるため，作成名義人として記載する者は，業務命令権を有する者であることが望ましいと考えられます。

第3に，注意や指導を行った後の当該保育士の改善状況及び影響等を随時記録に残します。

これは，当該保育士に対して懲戒処分や解雇を行う場合に備え，勤怠等の業務命令違反の事実がどのように積み重ねられているか，また，当該保育士の業務命令違反が園運営にどのような支障を生じさせているかについて，証拠化するためのものです。具体的には，業務命令書・改善命令書の交付を受けたときの当該保育士の言動，業務命令書・改善命令書の交付の際に改善策等に関するレポートの提出を期限を定めて義務付けたときは，そのレポートの提出状況や回答内容，当該保育士の業務命令違反を原因とする児童又は保護者からのクレームや園運営に生じた悪影響等について，時系列に沿って，細かく記録していくことが考えられます。

第4に，保育理念に協調しない保育士の業務状況がいっこうに改善しない場合は，懲戒処分や解雇を検討することとなります。

このような処分を行うためには，当該保育士の行為が，就業規則上，懲戒事由や解雇事由として定められた以下のような規定に該当するか否かを判断することが必要になります。

・「勤務状況が悪く，改悛の見込みがないとき」
・「職責者の正当な業務命令に従わないとき」
・「法人の名誉又は信用を傷つけたとき」
・「その他前各号に準ずる事由のあるとき」

文言上，上記のような懲戒事由や解雇事由に該当する場合であっても，当該保育士の行為の性質・態様，業務命令違反にかかる悪質性の程度，業務に与える影響等に照らし，処分が客観的に合理的であり，社会通念上相当であると認められなければ，その処分は効力がないものとされます（労働契約法15条，16条）。そこで，当該保育士に対して処分を検討する際は，まずはけん責のような軽い処分にとどめ，それでも当該保育士の業務状況が改善しない場合に処分を加重するといった段階的なプロセスを踏んでいく必要があります。また，過去の処分例や他の保育士に対する対応との比較において，当該処分が平等であることも重要になります。

留意点

保育理念に協調しない保育士との関係で，統一的な保育サービスの提供が困難になると，結果的に園の個性や魅力が失われるおそれがあります。

保育理念の統一化のためには，上記のような当該保育士への対応のほか，保育理念を明示して行う採用制度の構築や，保育理念に親和的な保育士を評価できる人事考課制度の整備も重要になるでしょう。

法的解釈

本項では，懲戒処分の種類について詳しく触れていきます。処分の種類はさまざまですが，代表的なものを処分の態様として軽い順に並べると，以下のようになります。就業規則においては，懲戒事由を処分の種類ごとに区別して規定しておくと，各懲戒事由該当性が客観的に明らかになるため，処分の有効性が認められやすくなると考えられます。

①　戒告・けん責

労働者の将来を戒めることを内容とする処分です。このうち，けん責については，労働者に対して始末書の提出を求める取扱いが多く行われています。

②　減給

賃金の減額を内容とする処分です。ただし，減給処分については，労働基準法91条が，「減給は，１回の額が平均賃金の１日分の半額を超え，総額が一賃金支払期における賃金の総額の10分の１を超えてはならない。」と制限を規定しています。

したがって，減給処分を行う際は，この制限を超えないように留意する必要があります。

③　出勤停止

労働者に対して一時的に労務提供を停止させることを内容とする処分です。出勤停止処分の期間中は，労働義務が履行されていないことから，賃金を不支給とする取扱いが多く行われています。

④　降格

労働者の職位・職制上の役職や職能資格制度上の職能を低下させることを内容とする処分です。

⑤　懲戒解雇

解雇により労働契約を終了させることを内容とする処分です。普通解雇と同様，30日前の解雇予告又は30日分以上の解雇予告手当が必要とされますが，労働者の帰責事由に基づくものと認められる場合は，即時解雇も有効であるとされます（労働基準法20条１項）。

保育士の採用内定をめぐる問題点

採用活動を経て，新規学卒の学生に対し，来年度から保育士として働いてもらうことを前提に，採用内定を出したいと考えています。採用内定に際し，気を付けるべき点はあるでしょうか。また，内定した学生が，今年度のうちに学校を卒業できなかった場合，どう対応したらよいでしょうか。

Point

・採用内定通知時における通知書の交付，採用内定取消事由及び研修義務の明示

・採用内定取消時における通知書の交付，取消事由該当性の検討及び確認事項の記載

回　答

保育所は，採用活動を経て，採用する保育士を決定した場合，当該保育士に対して採用内定を通知することになります。

採用内定を出すことによって，一般的には，保育所と内定者との間で労働契約が成立すると考えられています。そこで，そのような法律関係を生じさせる採用内定について，採用内定を通知する際や，採用内定後に当該内定を取り消す際は，以下の点に留意する必要があります。

1　採用内定通知書の交付

採用内定は，一般的に，採用募集への応募に対し，その申込みを承諾するものであるため，採用内定を受けた保育士は，実際に就労を開始する前であっても，保育所に対し，従業員としての労働契約上の地位を主張することができることになります。そこで，採用内定後にその採用内定を取り消すこ

とは，労働契約の解約，すなわち解雇であって，保育所が採用内定の取消しを安易に行うことは許されません。

保育所としては，採用内定の通知にあたり，このような法律効果が発生することを踏まえたうえ，応募者に対し採用内定を出すか否かを慎重に判断する必要があります。そして，採用内定の通知が，保育所の重要な意思表示であることに照らし，採用内定通知書等の書面を用いて行うことが望ましいといえます。

採用内定通知書を作成するにあたっては，以下の点に留意します。

(1)　採用内定取消事由の列挙

後述のとおり，採用内定取消しを有効に行うためには，その取消し，すなわち解雇が，客観的に合理的で社会通念上相当として是認することができるものでなければなりません。

そのため，採用内定通知書に内定取消事由として列挙する事項についても，合理性及び相当性を有するものであるかを吟味する必要があります。

一般的に，以下のような事由については，内定取消事由として是認し得るものと考えられています。

・「学校の卒業等の採用の前提となる条件が達成されなかったとき」
・「健康状態の低下により，勤務に堪えられないと保育所が判断したとき」
・「採用内定後に犯罪その他社会的に不名誉な行為を行ったとき」
・「履歴書等の必要書類を提出しないとき，又はこれに虚偽の事実を記載したとき」
・「採用内定通知時に予想できなかった経済情勢又は経営環境の悪化により，事業運営等を見直す必要性が生じたとき」
・「その他，上記に準じるやむを得ない事由があるとき」

(2)　研修義務の明示

採用内定後，入社までの期間については，労働契約が成立しているといえども，採用内定者が新規学卒者である場合，当該採用内定者の本分は学業であるといえます。そのため，当該採用内定者に入社前の研修を義務付けるためには，研修への参加について，採用内定者との間で合意が形成されている必要があると考えられます。

そこで，入社前研修への参加を求める必要があるときは，採用内定通知時に，採用内定者に対し，入社前に受講すべき研修があることを事前に説明しておくことが望ましいでしょう。おって，研修の日程等を設定する際は，採用内定者の学業への支障が生じないよう配慮しなければなりません。

2　採用内定取消通知書の交付

採用内定通知書に記載した事由等の発生により，採用内定の取消しを行う場合についても，労働契約を解約する行為であることから，採用内定取消通知書等の書面を交付して意思表示することが望ましいでしょう。

その際，採用内定取消通知書に記載すべき内容としては，以下のポイントがあります。

⑴　採用内定取消しの根拠となる事由の明示

採用内定取消事由として記載のある事由が生じた場合であっても，客観的に合理的な理由があり，社会通念上相当であると認められなければ，採用内定の取消しを有効に行うことはできません。違法な内定取消しを行った使用者に対し，不法行為による損害賠償請求が認められた例もあります。

そこで，どのような事実が生じたことにより，どのような採用内定取消事由に該当するかについて，十分に検討したうえ，採用内定取消通知書において明らかにする必要があると考えられます。

⑵　労働契約の解約にあたって必要な事項の確認

採用内定取消通知書の交付によって，労働契約の解約の効果を生じることになるため，採用内定者の退社に際し，返還を求める物品等，採用内定者に通知する必要のある事項について，採用内定取消通知書に記載することが望ましいでしょう。

留意点

使用者は，労働契約の締結に際し，労働者に賃金や労働時間等の労働条件を明示しなければなりません（労働基準法15条）。

そこで，採用内定により労働契約が成立することとなる場合は，採用内定時に，かかる労働条件についても労働者に通知する必要があります。

もっとも，採用内定時点では，将来の入社時の賃金を確定的なものとして明示することは困難であることから，賃金について明示が要求されるのは，将来入社時までに確定されることが予定された目標としての額，すなわち当該時点での見込額であると考えられています。

法的解釈

採用内定とは，一般的に，取消事由に基づく解約権が留保された始期付解約権留保付労働契約であると考えられています。これは，就労開始前の採用内定時において，採用内定者は，いまだ卒業見込みの状態にあるなど，不確定要素を有しているため，使用者に解雇事由とは異なる特別の解約権が留保されたものです。

その解約権の行使が適法であるか否かは，具体的には，「採用内定当時知ることができず，また知ることが期待できないような事実であって，これを理由として採用内定を取消すことが解約権留保の趣旨，目的に照らして客観的に合理的と認められ社会通念上相当として是認することができるものに限られる」（後掲・大日本印刷事件）とされています。

そこで，例えば，採用内定後，入社までの間に，採用内定者が成績不良により学校を卒業できず，新年度から勤務できないことが確定的になったときなどは，保育所は，当該採用内定者に対して，採用内定を取り消すことができると考えられています。

これに対し，採用内定時においてすでに判明していた事実については，採用内定の取消事由とならず，これを理由とする採用内定取消しは，違法とされることになります。

さらに調べるには

○　使用者と採用内定者との間で，就労の始期を大学卒業直後とし，誓約書記載の採用内定取消事由に基づく解約権を留保した労働契約が成立したが，当初から判明していた事実を理由とする採用内定取消は，無効であるとされた事例（大日本印刷事件・最高裁昭和54年７月20日判決（民集33巻５号582頁））

○　入社前の研修について，使用者に業務命令権はなく，あくまで使用者からの要請に対する採用内定者の任意の同意に基づいて実施されるものであるとされた事例（宣伝会議事件・東京地裁平成17年１月28日判決（労判890号５頁））

保育士のブログ上の書込みへの対応

近頃，当園の保育士の一人が，ブログ上で，当園の体制に対する不満を書き立てたり，園長を名指しで批判したりしています。これらの記載を読んだ保護者からは，当園に対し，苦情や不安の声が寄せられているのですが，当園としては，どのように対応するべきでしょうか。

Point

・会社の名誉や信用を傷つける行為の禁止を服務規律として明確化
・服務規律を園内において周知徹底
・違反者に対しては，業務命令書の交付等，記録に残る方法で注意指導
・その他，手続に従い就業規則に記載のある懲戒処分を検討

回　答

保育所は，労働契約上，職員である保育士に対し，保育所の秩序を定立し維持する権利を有しており，その表裏の関係において，保育士は，当該職場の秩序を遵守すべき義務を負っています。

そこで，保育所は，その秩序を乱す行為が行われないよう，就業規則などにおいて，行動指針や遵守事項等の服務規律を定めることができます。また，かかる服務規律に違反した者に対しては，企業秩序定立権に基づき，必要な注意・指導を行うとともに，適正な手続を踏んだうえ，違反の度合いに応じ，懲戒処分を行うこともできます。

そこで，事例のような保育士の行為に対しては，当該ブログへの書込みが就業時間中になされたものであるか否かに着目したうえ，以下のような点に留意し，場合によっては懲戒処分を行うことが可能です。

1　会社の名誉や信用を傷つける行為の禁止規定の整備

近年，ブログやSNSその他のソーシャルメディアの広がりにより，誰でも容易に情報を発信できるようになったことを背景に，保育士が，保育所内の事情や保育所に対する不満等を，本人の自覚なく不特定多数の第三者に向けて開示してしまうケースが見受けられます。

しかし，ブログ等に書き込まれた情報は，書面上のものと比較して拡散しやすいことから，保育所にとっては，その名誉や信用を害する事態につながる可能性も否定できません。

そこで，このような事態を避けるために，以下のような規定を就業規則に盛り込み，会社の名誉や信用を傷つける行為の禁止を服務規律として明確化することが考えられます。

- 「従業員は，会社の指示命令を守り，職務上の責任を自覚し，誠実に職務を遂行するとともに，職場の秩序の維持に努めなければならない。」
- 「従業員は，不正不義の行為により，会社の体面を傷つけ，又は会社全体の不名誉となるような行為をしてはならない。」
- 「従業員は，会社の内外を問わず，業務上の秘密事項の他，会社の不利益となる事項を他に洩らしてはならない。」
- 「従業員は，従業員としての体面を汚し，会社及び他の役職員の名誉，信用を傷つける行為をしてはならない。」
- 「従業員は，会社の経営に関して故意に真相を歪め，又は事実を捏造して宣伝流布するなど，会社の名誉，信用を傷つける行為をしてはならない。」
- 「従業員は，インターネットの掲示板や自己のブログ等に書込みを行うなど，会社及び他の従業員の名誉，信用を傷つける行為をしてはならない。」

2　服務規律の周知

保育士に対し，上記のような遵守事項及び服務規律の存在について，周知する必要があります。そして，日頃から，ブログ等への書込みであっても，保育所の秩序に影響を及ぼすような行為は服務規律違反となり得ることについて，注意喚起しておくことが望ましいでしょう。

3　ブログ等で書込みを行った者に対する対応

⑴　就業時間内の書込みである場合

保育士のブログ上の問題となる書込みが，当該保育士の就業時間内に行われたものであることが特定できる場合，かかる書込みは，当該保育士が労働契約上負っている職務専念義務に違反する行為であるといえます。

そこで，この場合は，職務専念義務違反を理由として，保育士に対し，注意書や指導書等を交付して，改善を求めることができるほか，懲戒処分を行うことも可能です。

もっとも，これらの処分等を行う前提として，当該ブログへの書込みが，保育士本人によってなされたものか，また，就業時間中に行われたものであるかについて，十分に事実関係を調査する必要があることに留意しなければなりません。

⑵　私生活上の書込みである場合

これに対し，保育士の書込みが，就業時間外に保育所ではない場所において行われた場合，かかる書込みは，保育士の業務を離れた私生活上の行為として行われたものであることになります。

そこで，この場合は，職務専念義務違反はないため，上記の服務規律違反を理由として，注意指導を行うことになります。

もっとも，一般的に，私生活上の行為は，本人の私的な生活領域に属する事項であって，保育所がむやみに保育士の私生活に立ち入る権限はないと考えられています。また，保育士の私生活上の書込みを規制することは，当該保育士の有する表現の自由（憲法21条）に対する制約にもなり得ます。

したがって，保育所が，私生活上の書込みを行った保育士に対し，懲戒処分を行うことができるのは，当該書込みの内容が，単なる不平不満を超えて，保育所の名誉や信用を損ない，その円滑な運営に支障をきたすおそれがあるため，企業秩序の維持の確保のために必要がある場合に限られるものと考えられます。

また，懲戒処分を行う際は，当該保育士の書込みの内容や表現方法，これが企業秩序に与える影響等を考慮し，その服務規律違反の程度に応じて，就業規則に明示されている懲戒の種別を選択する必要があります。さらに，就業規則の定めに従い，適正な手続を踏まなければなりません。

法的解釈

一般に，労働者の私生活上の行為は，十分に尊重することが要請されることから，私生活上の非違行為に関しては，懲戒事由該当性及び処分の相当性につき，より慎重に判断されなければならないと考えられています。

そして，当該私生活上の非違行為が，会社の名誉や信用を害するなど，企業秩序維持の観点から重大な影響があると考えられる場合にのみ，会社は，懲戒処分を行うことができるとされています。

事例に類似した裁判例として，新聞記者が自ら開設したウェブサイト上に会社の社内批判や機密を漏らす部分を掲載したことについて，就業規則上，懲戒事由とされる「会社の経営方針あるいは編集方針を害する行為」，「会社の機密をもらす行為」及び「流言をする行為」に該当することを認め，14日間の出勤停止処分の有効性を肯定したものがあります（日本経済新聞社（記者HP）事件・東京地裁平成14年３月25日判決（労判827号91頁））。

当該裁判例では，「労働者の私生活上の行為であっても，その行為が労働者の企業における職務に密接に関連するなど，企業秩序維持の観点から許されない行為と認められる場合には，なお企業秩序遵守義務に違反する行為として懲戒処分の対象とすることができるというべきである。このことは，仮に，懲戒処分の対象となる労働者の行為が憲法上保障される場合であっても，憲法上の権利保障は労働者と企業との間の労働契約関係を直接に規律する効力を有するものとは認められないうえ，企業秩序維持の観点からこのような行為を懲戒処分の対象とすることが当然に公序良俗に反する許されないものとも解されないことから，同様に懲戒処分の対象とすることが許される」としたうえで，ウェブサイトは不特定多数の者が閲覧できることや，ウェブサイト上に会社の新聞記者であることを明らかにし，記者として知り得た事実や体験を題材として作成した文書を掲載していたこと，表現方法として建設的な社内批判とはいえないことなどが考慮されている点が，参考になります。

保育士に対する身だしなみの指導

ある保育士が，アクセサリーを着用するなど，当園にふさわしくない服装・髪型で勤務しており，何度も指導をしているのですが，改善の見込みがありません。このような保育士に対し，どのような対応をとればよいでしょうか。

Point

・身だしなみの基準を服務規律として明確化
・服務規律を園内において周知徹底
・違反者に対しては，一律に注意や指導を繰り返すなどして平等に規制
・改善がない場合には，手続に従い就業規則に記載のある懲戒処分を検討

回　答

保育園は，従業員である保育士に対し，労働契約関係に基づいて保育園の秩序のために必要な措置を講ずる権利を有しています。一方で，服装や髪型等の容姿に関する事柄は，本来的には個人が自由に決められるものであると考えられています。

そこで，保育園が保育士の身だしなみを制約するには，次のとおり，保育士に遵守させるべき合理的な基準を設定したうえ，これを明確化する必要があります。そして，その基準に違反した保育士に対しては，違反の度合いに応じ，手続を踏んで適切な処分を下すことになります。

第１に，目指す保育園像や保育サービスとの関係で，ふさわしいと考えられる保育士の服装や髪型等のイメージを具体化します。そして，就業規則上，行動指針や遵守事項などの服務規律の項目において身だしなみに関する規定

を設け，保育士が遵守すべき事項を明らかにします。

就業規則の具体的な定め方としては，以下のような①包括的な規定及び②具体的な規定を置くことが考えられます。

① 「従業員は，法人の指示命令を守り，職務上の責任を自覚し，誠実に職務を遂行するとともに，職場の秩序の維持に努めなければならない。」

② 「従業員は，法人の指示するドレスコードに従わなければならない。」
「従業員は，職場内でアクセサリーを着用してはならない。」
「従業員は，奇異な髪型や口ひげにより，顧客に不快感を与えてはならない。」

第2に，日頃から，保育士に対し，遵守すべき具体的な身だしなみの基準について注意を促すとともに，保育士全員に対して平等に指示命令し，一律な規制を行うよう留意します。

第3に，注意や指導を繰り返してもなお，就業規則上の身だしなみの基準に違反する保育士に対しては，服務規律違反を理由とする懲戒処分を検討することになります。

懲戒処分の種類としては，けん責・戒告，減給，出勤停止，降格，さらに懲戒解雇等があり得ますが，服装等規制違反の場合に課され得るものとして就業規則に記載のある処分を，違反の程度に応じて，選択しなければなりません（⇒Q47「保育理念に協調しない保育士への対応」）。

そして，警告書等を作成のうえ，保育士に対し，選択した懲戒処分が課される可能性があることを書面で通知し，警告します。

それでも保育士の服装等規制違反が改善しない場合は，就業規則等に定める懲戒手続に従い，懲罰委員会において当該保育士に弁明の機会を与えるなどのプロセスを踏んだうえ，処分を下すことになります。

留意点

保育園内でのアクセサリーの着用禁止は，乳幼児によるアクセサリーの誤飲誤食のおそれが具体的に認められることから，一般に受け入れられやすい制約であると考えられます。

他方，具体的な服装や髪色に関しては，個人の趣向としての側面が大きいため，このような事柄の規制に違反する保育士に対して処分を下す場合は，下記のとおり，その違反により業務に具体的な支障が生じるものと認められない限り，慎重な判断が必要とされます。そこで，このような規制に関しては，懲戒処分のような事後的な対処よりも，保育士採用の入口の段階で，規制の内容を明らかにし，理念に共感を得られる保育士を採用するという事前の対処が，効果的であるといえるでしょう。

法的解釈

1　服務規律の定立について

保育園を含む企業は，その存立維持及び事業の円滑運営のために企業秩序を定立し，従業員に対してこれに服することを求めることができます。具体的には，就業規則において具体的な遵守事項を明示することで，使用者の業務命令権を根拠付けることができると考えられます。

もっとも，就業規則で従業員の義務を基礎づける場合，その内容は合理的なものでなければなりません。

とりわけ，服装，髪型・髪色，ひげ，アクセサリーの着用等は，自己の外観をいかに表現するかという労働者の個人的自由に属する事柄であり，また，髪型・髪色やひげに関する制約は，保育園という職場を離れて，保育士の私生活をも拘束し得るものであるといえます。

そこで，このような事柄を制約するには，その制約が必要であり，かつ，制約として相当であることが求められます。つまり，服装等規制は，保育園の事業遂行上必要であり，その具体的な制約の内容が保育士の利益や自由を過度に侵害しない合理的な内容であると認められる限度で，保育士に対して拘束力を生じるものと考えられます。

例えば，保育園の事業遂行上の必要性と無関係に服装等規制を設けることは，適当ではありません。これに対し，安全管理上，保育園内におけるアクセサリーの着用を禁止したり，保育園のイメージや信用を維持し，保護者の信頼を得るために，社会通念上保育士としてふさわしくない服装や髪型等の身だしなみを制約することは可能であると考えられます。

また，保育園の事業遂行上の必要性との関係で，規制対象が広すぎたり，規制態様が厳しすぎたりしないかという点についても，別途考慮する必要があります。

2　服装等規制に違反した保育士の処分について

懲戒処分を行うには，就業規則に懲戒の種別及び事由が明示され，当該就業規則が労働者に周知されていることが必要であるとされています。

そして，服装等規制に違反する労働者に対しては，就業規則の定めに従い，適正な手続を踏んで処分を下さなければなりません。

この際，保育園の職場秩序や品位保持という観点から処分を下すには，当該保育士の服装等規制違反により保育園が現実に損害を被るおそれが必要とされる場合があることに留意しなければなりません。この場合，例えば，服装等規制違反により不快感や反発感を受けたことを理由に保護者から具体的な苦情が寄せられるなど，円滑かつ健全な企業経営が阻害される現実的な危険が生じていたと認められることが必要になります。

さらに調べるには

○　ハイヤー運転手に口ひげをそって勤務する労働契約上の義務がないとされた事例（イースタン・エアポート・モータース事件・東京地裁昭和55年12月15日判決（労判354号46頁））

○　髪型及びひげに関する服務規律につき，事業遂行上の必要性が認められ，その具体的な制限の内容が労働者の利益や自由を過度に侵害しない合理的な内容の限度で拘束力が認められるとした一審判決が維持された事例（郵便事業事件・大阪高裁平成22年10月27日判決（労判1020号87頁））

○　乗合バス運転士に着帽乗務を義務付ける就業規則等が合理的であるとして，その義務に違反したバス運転士に対するけん責・降格を有効とした事例（東急バス事件・東京地裁平成10年10月29日判決（労判754号43頁））

Q51 保育士の本採用拒否に関する留意点

本年度新たに保育士を採用したのですが，入社当初から無断欠勤が目立ち，指示した業務を行わないことも多いため，このまま試用期間を終えて本採用することに不安を感じています。保育士は，体調不良で仕方なかったなどと言っているのですが，今後，どう対応したらよいでしょうか。

Point

・試用期間や本採用拒否事由の明示，試用期間の延長に関する規定の設置を中心とする就業規則の整備
・本採用拒否時の本採用取消通知書の交付，解雇予告又は予告手当の履践
・試用期間の延長の検討

回　答

試用期間中，保育士の勤務状況や勤務態度が不良であり，本採用をすることが不適格であると認められるとき，保育所は，当該保育士に対し，就業規則に基づいて本採用を拒否することができます。

また，そのような状況下で，通常の試用期間では本採用をすべきか否かの判断がつかない場合は，就業規則に規定があれば，試用期間を延長することも可能です。

このように，試用期間の途中で勤務不良の保育士との間の労働契約を継続するか否かを見直すためには，まず，以下の点に留意し，就業規則上，保育所として必要な措置を講じることのできる制度を整備しておく必要があります。

⑴　試用期間の明示

試用期間とは，一般に，企業が，採否を決定する段階では，労働者の資質，性格，能力その他の適格性を判定するために必要な資料を十分に収集することができないため，採用の最終的決定を留保したものであると考えられています。

本採用の前に，このような適格性の判定期間を定める必要がある場合は，就業規則に「入社日から○か月間を試用期間とする。」旨の規定を置かなければなりません。実務上は，３～６か月程度の試用期間を定める例が多くあります。

⑵　本採用を拒否すべき具体的事由の列挙

試用期間の途中又は満了時に本採用を拒否する場合を想定し，就業規則には，労働者に適格性がないと判定される事由をなるべく詳細に列挙しておくことが望ましいといえます。

そこで，園としては，就業規則上，保育士が不適格であると判定する事由を検討したうえ，資質や性格上，適応性を有していないこと，保育士としての職業能力が欠如していること，勤務態度が不良であること，採否決定段階において経歴等を偽っていたこと，といった項目を具体化していく必要があります。

⑶　試用期間の延長の規定

事例のように，通常の試用期間中，労働者の欠勤等が多いものの，ただちに適格性の判定をしかねる場合を想定して，就業規則に試用期間の延長に関する規定を設けることが考えられます。

この場合，就業規則には，「試用期間満了時に適格性判定のためにさらに必要がある場合は，○か月単位で○か月を限度として試用期間を延長する。」といった規定を置くことになります。

ただし，このように試用期間の延長を明示した場合であっても，園の裁量で自由に試用期間を延長することができるわけではなく，合理的な理由がある場合にのみ延長が認められることに留意しなければなりません。

次に，このような就業規則上の規定を前提として，本採用を拒否する場合は，以下のような手続を履践する必要があります。

⑷　本採用取消通知書の交付

後日の紛争を避けるために，口頭ではなく本採用取消通知書等の書面で，適格性がないと判定するに至った理由を記載のうえ，本採用を拒否する旨の意思表示をすることが望ましいでしょう。

この際，退社にあたって，保育所からの貸与品のように返還を求める必要があるものについては，返還時期とともにこれを明示します。その他，退社日など，退社にあたって保育士に対して指示すべき事項については，本採用取消通知書に記載する必要があります。

⑸　解雇予告又は予告手当の履践

本採用拒否は，後述のように，留保付解約権の行使により労働契約を終了させるものであり，原則として，30日前の解雇予告又は30日分以上の予告手当が必要とされます（労働基準法20条１項本文）。これに対し，入社後14日以内の試用期間中に本採用を拒否する場合は，これらの手続は必要ないものとされています（同法21条４号）。

もっとも，試用期間は，当該期間中の労働者の勤務状態等から適格性を判定するものであるため，企業の注意や指導を踏まえてなお，労働者に改善が見られないか，企業の要求する水準に達する可能性がないかといった点を考慮したうえ，本採用拒否事由の該当性が判断されなければなりません。したがって，14日という短期間のうちに，そのような適格性の判断が適切になされることは想定し難く，本採用の拒否は，基本的に，解雇予告又は予告手当が必要な，入社日から14日を経過した後になされるものと考えられます。

そこで，保育士の本採用を拒否する場合，保育所は，基本的に，当該保育士に対し，退社日と定める日の少なくとも30日前に本採用取消通知書を交付するか，30日分以上の平均賃金を支払わなければなりません。

最後に，ただちに本採用拒否をするのではなく，試用期間を延長する場合の留意点について述べます。

就業規則上の根拠に基づき，試用期間の延長を保育士に通知する場合にも，本採用取消通知書と同様，試用期間延長通知書等の書面をもって，意思表示をすることが望ましいと考えられます。

その際，試用期間の延長は，当該保育士の地位を不安定にする側面もあるため，試用期間を延長する期間を明示する必要があります。また，保育士に対し，勤務状態等，不適格であると考えられる部分の改善を促す意味を込めて，試用期間を延長すべき理由を明らかにしましょう。

保育士との合意に基づき試用期間を延長する場合にも，上記と同様，書面において，延長期間及び延長理由を明らかにしておくのがよいでしょう。

留意点

一般的な試用期間における企業と労働者の関係は，前記のとおり，労働者を不適格であると認めたときに解約できるという解約権が留保された労働契約であり，試用期間中の本採用拒否は，通常の解雇よりは広い範囲において認められると考えられています。

もっとも，企業が本採用を拒否するためには，「解約権留保の趣旨，目的に照らして客観的に合理的な理由が存し社会通念上相当」（三菱樹脂事件）であることが必要であるとされます。そして，試用段階ではすでに労働契約が開始されていることから，内定取消し（⇒Q48）の場合と異なり，試用期間中の本採用の拒否は，採用決定後の調査の結果又は試用期間中の勤務状態等により判明した事由に基づくものでなければならないと考えられます。

その際，試用期間を延長したにもかかわらず，労働者の勤務態度等に改善がなかったという事実は，本採用を拒否することの相当性の判断において考慮できる要素であると考えられます。

さらに調べるには

○　新卒採用者について，採否決定当初知ることができず，また知ることが期待できないような事実を知るに至った場合で，その者を引き続き雇用するのが適当でないと判断することが，解約権留保の趣旨，目的に照らして客観的に相当であると認められる場合は，解約権を行使できるとされた事例（三菱樹脂事件・最高裁昭和48年12月12日判決（判時724号18頁））

○　業務命令に応じず，重要な日に欠勤するなどの勤務不良を理由とする本採用拒否を，三菱樹脂本採用拒否事件の枠組みに従い有効とした事例（ブレーンベース事件・東京地裁平成13年12月25日判決（労経速1789号22頁））

Q52

合意退社の留意点

園長と対立することの多かった保育士が，当園を退社したいと申し出ています。その保育士が退社すること自体に異存はありませんが，今後，退社にあたり，具体的に留意しなければならないことはありますか。

Point

・退社願における退社日及び退社理由の特定，承認権者の宛名表記
・退社願受理通知書等の交付による受理の意思表示の明確化
・秘密保持誓約書の提出

回　答

保育園と保育士は，合意に基づいて，いつでも労働契約を終了させることができます。これを合意解約といいます。

合意解約の場合は，解雇とは異なり，30日前の予告期間を置き，又は30日分以上の平均賃金である予告手当を支払うといった手続（労働基準法20条1項本文）を経ることなく，即時に契約を終了させることも可能です。もっとも，後日の紛争を避けるために，以下のような点に留意する必要があると考えられます。

第1に，下記①～④に注意して，退社願を用意したうえ，これを周知し，保育園を退社しようとする保育士に対しては，一律に当該退社願の提出を求めましょう。

なぜなら，合意解約をめぐっては，保育士が，退社を申し出てから数日経って退社の意思表示を撤回するなど，合意解約の効力を否定する場合があり得ます。とりわけ，本事例のように，園との関係が潤滑でなかった保育士の退社の申出に関しては，これをいかに取り扱うかにつき，十分に気を付け

る必要があるといえるでしょう。

① 退社願の提出日を記入させます。

退社の申入れの意思表示がされた時期を明らかにするためのものです。

② あらかじめ宛先に承認権限を有する者を記入しておきます。

退社願を受領した者が承認権限を有するか否かという点に関し，使用者である園の承諾の意思表示の効力が争われることを避けるためのものです。

③ 退社日を明示させます。

退社日までの間に，他の保育士等に対して業務の引継ぎを行わせる必要がある場合などは，即時退社により園に支障が生じるため，園が退社日を確認したうえで退社を承諾するか否かを判断できるようにするものです。

なお，仮に，園が即時退社を不都合として退社を承諾しなかったときでも，保育士は，一方的な意思表示によって労働契約を解約することができ，これを辞職といいます。辞職の場合，保育士は，解約を申し入れた日から２週間を経過することによって労働契約を終了させることができます（民法627条１項）。

④ 退社理由の概要を記入させます。

保育士の自由な意思決定に基づいて退社願が提出されたことを担保するためのものです。

第２に，下記①～④に注意して，退社を申し出た保育士に対し，退社願受理通知書を交付します。

これは，上記のとおり，保育士が合意解約の申入れの意思表示をしたこと，及び園がこれに対する承諾の意思表示をしたことを証拠化し，園が退社を承諾したことを通知することによって，それ以後の保育士による合意解約の申入れの撤回を防ぐことを目的とするものです。

① 退社願の受理日を明記します。

合意解約が成立した時点を明らかにするために，退社願が承認権限を有する者により受理された日を特定するものです。

この際，受理する退社願の特定のために，当該退社願の提出日も併せて記入する必要があります。

② 作成名義人として承認権限を有する者を記入します。

退社願を受理した者が承認権限を有するか否かという点に関し，使用者である園の承諾の意思表示の効力が争われることを避けるためのものです。

③　保育士の退社願の記載に従い，退社日を特定します。

④　退社にあたって，社員証のような園からの貸与品等，返還を求める必要のあるものを明示します。

退社願の受理後，保育士が年休を取得するなどして出勤しない可能性もあるため，退職願受理通知書には通知する必要のある事項を盛り込むことが望ましいと考えられます。返還を求めることが必要な物品を洗い出し，返還時期とともに明示しましょう。

第３に，合意解約が成立した場合は，保育士に対し，退社に先立ち，秘密保持義務に関する誓約書を提出させます。保育士は，園において園児や保護者の個人情報を含むさまざまな秘密情報に触れているものの，これらが秘密情報であるという認識を有していない場合も多くあるため，秘密の範囲やこれを保持すべき義務を具体化した誓約書を用意したうえ，保育士に対して誓約書に記載された内容を遵守すべきことを誓約させる必要があります。

誓約書を作成する際は，以下のような内容を盛り込み，それぞれの保育士の立場等に応じて，保持すべき秘密を漏れのないよう個別に追加することが考えられます。

①　園の経営上，営業上又は技術上の情報（以下「秘密情報」という。）に関する資料について，原本，写し，データ等を一切保有していないこと。

このような規定を置いたうえで，秘密情報の具体的な内容として，

・園児，保護者等（以下，「利用者」という。）に関する個人情報

・財務，総務，人事その他経営上重要な情報

・他社との売買契約，業務提携その他業務戦略上重要な情報

・園運営における企画，技術等の検討事項が記された情報

・園の利用者や関係者を撮影した写真及び画像データ等の情報

・その他秘密情報と定める情報

などを列挙しましょう。

②　秘密情報は園が入手又は業務上作成したものであること，及びこれらの秘密情報は園に帰属することを確認すること。

保育士が前記のような秘密情報の作成に関与していた場合を含め，後に，秘密情報が保育士に帰属すると主張されることを防ぐための規定です。

③　退社後，秘密情報を開示，使用又は漏えいしないこと。

④　園の利用者又は役員・従業員等のプライバシーを侵害するような行為や，園の名誉又は信用を傷つける行為を行わないこと。

退職後，保育士が在職中に撮影した園児等の写真をSNSに掲示するような行為を行わないよう確認することを目的とした規定です。

⑤　誓約した内容に反して秘密情報を漏えいした場合，園に生じた損害を賠償することを約束すること。

法的解釈

本項では，労働者の秘密保持義務について，若干の補足を加えます。

秘密保持義務とは，職務上知り得た秘密情報を保持すべき義務をいい，労働者が在職している期間は，労働契約に基づき当然に労働者に課せられる義務であるとされます。これに対し，労働者が退職した後は，労働契約がすでに終了していることから，労働者に対し，労働契約を根拠にただちに義務を負わせることができません。そこで，退職後も労働者に秘密保持義務を負わせるためには，就業規則上に退職後の秘密保持義務に関する規定が設けられているか，退職時に誓約書等を用いて退職後の秘密保持に関する特約がなされている必要があります。

もっとも，就業規則や誓約書等により退職後の秘密保持義務が根拠づけられている場合でも，保持すべき秘密の性質や範囲等に照らし，合理性があると判断される限りにおいて，当該秘密保持義務の有効性が認められることに留意しなければなりません。

なお，不正競争防止法上，在職中と退職後を問わず，不正の利益を得る目的又は企業に損害を加える目的で「営業秘密」を使用，開示する行為は不正競争に該当するとされますが（2条1項7号），不正競争防止法上の「営業秘密」の範囲は限定的であるため（同条6項），就業規則上の規定や誓約書等による特約の必要性は減じられないといえるでしょう。

さらに調べるには

○　ダイオーズサービシーズ事件・東京地裁平成14年8月30日判決（労判838号32頁）

Q53 メンタルヘルス不調の保育士への対応①

保育士の一人について，最近，欠勤や業務上のミスが目立つようになり，当該保育士は他の保育士に対し，仕事と家庭の両立に悩みを抱えているという相談をしているようです。当該保育士は，勤務中，子どもたちに対しても暴言を吐くなどし，悪影響を及ぼしていると考えられますが，このような保育士に対し，どのような対応をするべきでしょうか。

Point

・メンタルヘルス不調の可能性がある保育士に関し，正確な状況の確認
・医師への相談を勧め，就業上の措置を講じるなどの適切な支援
・就業規則に基づく休職制度の利用

回　答

保育士が，うつ病に罹患するなどし，メンタルヘルスの不調に陥った場合，注意力の低下や無気力によって業務遂行能力が低下したり，怒りっぽくなったりすることで，園長や他の保育士に影響を及ぼすことがあります。さらに，保育士は，子どもたちと直接関わって，子どもたちの成長・発達に寄与する立場にあることから，保育士のメンタルヘルス不調が子どもたちの発達に悪い影響を及ぼす可能性も否定できません。

そこで，保育所としては，日頃から保育士のメンタルヘルス問題に気を配るとともに，メンタルヘルス不調の可能性がある保育士に対しては，早期に対策を講じる必要があります。

また，保育所は，使用者として，労働者である保育士に対し安全配慮義務を負っています。そのため，保育士が長時間労働を原因としてメンタルヘルス不調に陥り，その生命・身体を害したような場合，保育所は，安全配慮義

務違反に基づき，民事上の損害賠償責任を追及される可能性があります。

このように，保育士のメンタルヘルス不調は保育所にとって軽視できない問題であるため，保育所は，以下のような点に留意して，メンタルヘルス不調に陥った保育士の状態を正確に把握したうえ，状況に応じて，休職を含む適切な措置を講じるとともに，メンタルヘルス不調の原因となり得る保育士の職場環境を見直すことが必要です。

1　メンタルヘルス不調の可能性のある保育士の状態の正確な把握

メンタルヘルス不調の疑いのある場合，その後の対応を決定するために，まずは当該保育士に対し，医師に相談のうえ，診断を受けるよう勧めることが肝要です。

保育所は，当該保育士にメンタルヘルス不調があるのか，それはどの程度のもので，保育士の業務遂行にどのような影響を生じ得るのかといった事項について，正確に把握する必要があります。そのため，医師による診断結果の提出を求めるほか，事例のように，他の同僚の保育士から当該保育士のメンタルヘルス問題について報告があった場合には，同僚の保育士からも事情を聴き取り，当該保育士の状態や職場環境を適切に把握することが望ましいでしょう。

もっとも，メンタルヘルス不調に陥っている本人がそのことを自覚していないケースも多くあり，その場合，本人が医師への相談を拒むことがあります。本人が医師による診断を拒む場合であっても，保育所は，業務命令として，受診命令を発することができると考えられています。その場合は，受診命令書の交付をもって，本人に受診義務があることを明らかにしましょう。

また，後述のように，受診命令を円滑に行うためには，就業規則上，以下のような規定を定め，受診命令の根拠を明らかにしておくことが望ましいでしょう。

・「保育所は，業務上必要と判断した場合，職員に対し，指定する医師による健康診断を受けるよう命じることができる。」
・「保育所は，職員に就業に影響のある心身の故障，傷病の疑いがある場合，職員に対し，指定医による診断を命じることができる。」

2　適切な就業上の措置の実施

保育士の健康状態を確認したうえ，当該保育士の職場環境を見直す必要が認められる場合は，後掲「健康診断結果に基づき事業者が講ずべき措置に関する指針」に定める就業上の措置に準じ，勤務による負荷を軽減するため，就業場所の変更，作業の転換，労働時間の短縮，昼間勤務への転換等の措置を講じるべきであると考えられます。

また，必要に応じ，療養のため，当該保育士を一定期間勤務させない措置として，休職制度を利用することも考えられます（⇒Q54「メンタルヘルス不調の保育士への対応②」）。

法的解釈

1　受診命令の可否

メンタルヘルス不調の可能性のある者に対する受診命令について，就業規則上，根拠規定が定められている場合は，当該規定の内容及びそれに基づく受診命令が合理的なものである限り，労働者は，労働契約の内容として医師の受診義務を負うことになります。

これに対し，就業規則上，受診命令の根拠規定がない場合，労働者は，労働契約上，当然に受診義務を負うものではありません。しかし，その場合でも，「労使間における信義則ないし公平の観念に照らし合理的かつ相当な理由のある措置」であると認められるときは，使用者は，労働者に対し，医師による診断を受けることを命じることができると判断されています（京セラ事件・東京高裁昭和61年11月13日判決（判時1216号137頁））。

以上のとおり，就業規則上の根拠規定の有無を問わず，保育所は，メンタルヘルス不調の保育士に対し，合理的な理由がある場合には受診命令を発することができると考えられます。もっとも，就業規則に根拠規定がある場合に，緩やかにその合理性を判断している裁判例もあるため，規定を明確にすることが望ましいといえるでしょう。また，診断結果の信用性担保のため，就業規則上，保育所が受診命令を発する際，会社の産業医を指定医とできる旨も明記する必要があるでしょう。

2　医師に対する情報開示と個人情報保護

使用者である保育所は，労働者たる保育士の業務遂行能力を判断し，又は，安全配慮義務を尽くすべく保育士の配置等の処遇を決するため，保育所は，保育士に対し，健康管理情報の提供を求めることができると考えられています。

したがって，保育所は，業務上の必要がある場合，保育士を診察した医師に対しても，診断書の内容及びそこに記載のある情報に関連する事項について，当該保育士の健康管理情報の提供を求め得るといえます。もっとも，医師が保育士の健康管理情報を第三者たる保育所に提供することは，個人情報の第三者提供として，個人情報の保護に関する法律27条1項が適用されます。そのため，医師は，原則として，第三者提供にかかる当該保育士の同意を得なければなりません。

このことに関連し，後掲「雇用管理分野に関する個人情報のうち健康情報を取り扱うに当たっての留意事項」によれば，事業者である保育所は，この場合においても，あらかじめこれらの情報を取得する目的を労働者に明らかにして承諾を得ることが望ましいとされます。また，必要に応じ，これらの情報は労働者本人から提出を受けることが望ましいとされていることに留意が必要です。

さらに調べるには

○　厚生労働省「労働者の心の健康の保持増進のための指針」(https://www.mhlw.go.jp/hourei/doc/kouji/K151130K0020.pdf)

○　厚生労働省「雇用管理分野に関する個人情報のうち健康情報を取り扱うに当たっての留意事項」(https://www.mhlw.go.jp/file/06-Seisakujouhou-12600000-Seisakutoukatsukan/0000167762.pdf)

○　厚生労働省「健康診断結果に基づき事業者が講ずべき措置に関する指針」(https://www.mhlw.go.jp/hourei/doc/kouji/K170417K0020.pdf)

Q54 メンタルヘルス不調の保育士への対応②

メンタルヘルス不調の可能性のある保育士について，医師の受診を勧めたところ，その診断結果によれば，保育士は，子育て等が原因で精神障害を発症しているとのことでした。保育所は，当該保育士の勤務負荷を軽減するための措置を講じましたが，勤務状況が改善しないことから，休職制度を利用することを検討しています。保育士の休職や復職に関し，保育所として留意しなければならない点はあるでしょうか。

Point

- 就業規則に基づく休職命令の発令
- 休職命令に従わない場合の懲戒処分の検討
- 休職期間満了時の復職の可否の判断及びその後の対応
- 就業規則における休職規定の明確化

回　答

メンタルヘルス不調の可能性のある保育士に対し，医師の診断を受けるよう受診命令を発し，当該保育士の健康状態を把握できたら（⇒Q53「メンタルヘルス不調の保育士への対応①」），かかるメンタルヘルス不調による保育所の業務への支障の拡大を予防するため，具体的な対策を講じる必要があります。

事例では，保育所は，当該保育士の健康状態との関連でとり得る手段を講じたものの，業務外の傷病により，当該保育士の欠勤や業務遂行能力の低下した状態が改善されない場合を想定しています。

このような場合，当該保育士に対し，労務提供を継続させることは，業務遂行能力との関係で困難を伴うと考えられるものの，ただちに解雇を行うことは，当該保育士の健康状態につき回復可能性がある限り，妥当ではありません（労働契約法16条）。

そのため，当該メンタルヘルス不調の保育士との関係で，労働契約関係を維持しつつ，一定期間労務提供義務を免除する制度として，休職制度を利用することが有効です。業務外の傷病による休職は，一般に，休職期間の満了時に健康状態が回復していない場合は，当然に退職事由とされ，解雇猶予の性質を有すると考えられています。

メンタルヘルス不調の保育士に対し，休職命令を発令する際は，以下の点に留意する必要があります。また，休職期間の満了時には，以下の点に留意して，当該保育士の復職の可否を判断することになります。

1　就業規則に基づく休職命令の発令

就業規則上，休職事由として，私傷病休職，すなわち業務外の傷病による欠勤が続くなど，労働者が業務に耐えられない場合に休職させることが規定されている例が多くあります。

就業規則にそのような休職規定が定められている場合は，当該休職事由該当性を検討したうえ，メンタルヘルス不調の保育士に対し，休職命令を発令することが可能です。

メンタルヘルス不調の保育士に対し，休職制度を柔軟に活用するためには，就業規則上，以下のような休職規定を定めておくことが望ましいといえます。

① 「業務外の傷病による欠勤が連続して3か月を超えたときは，休職を命ずることができる。」

② 「業務外の傷病により業務に耐えられないと保育所が認めたときは，休職を命ずることができる。」

③ 「その他保育所が特に必要と認めたときは，休職を命ずることができる。」

これらの規定では，一定期間の欠勤継続の要件を充足しない場合であっても，休職を命じられ得ることが定められています。就業規則に休職事由を規定する場合は，当該保育士に対する職務遂行能力の判断及び休職命令の発令に関し，保育所に裁量があることを明らかにしておくことが重要です。

2　休職命令に従わない場合の懲戒処分の検討

休職命令は業務命令であるため，休職命令に従わず，勤務を続ける保育士に対しては，業務命令違反を理由とする懲戒処分を行うことが可能です。

もっとも，精神障害により責任能力が欠如している場合に，懲戒処分を課すことはできないと考えられるため（後掲大分県警察本部事件），メンタルヘルス不調の保育士に対し懲戒処分を行う際は，慎重な判断を要することに留意が必要です。当該保育士に対し，懲戒処分が妥当でない場合は，心身の障害により業務に耐えられないことを理由とする普通解雇を検討せざるを得ないでしょう。

3　休職期間満了時の復職の可否の判断

休職期間満了時において傷病が治癒せず，休職事由が消滅していない場合，当該保育士は，就業規則の定めに従い，当然に退職とされます。

これに対し，傷病が治癒した場合，当該保育士は復職することになるため，治癒にかかる判断は非常に重要であるといえます。したがって，当該保育士の主治医の診断のみならず，当該保育士との実際の面接状況や指定医の意見を踏まえ，治癒及び復職の可否を判断します。この際，正確な診断結果を把握する必要があるため，就業規則上，会社の産業医を指定医とできる旨を明記しておくことが望ましいでしょう。

後掲「心の健康問題により休業した労働者の職場復帰支援の手引き」では，復職判断基準の例として，労働者が十分な意欲を示し，通勤時間帯に一人で安全に通勤ができること，勤務日に勤務時間の就労が継続して可能であること，業務に必要な作業ができること，作業による疲労が翌日までに十分回復すること等が挙げられています。

なお，職種や業務内容が限定されていない労働者の復職の可否の判断にあたっては，他の職種や業務への配置可能性を含めて検討する必要があります。また，職種が限定されている場合でも，当該労働者の復職の可否につき，負担軽減措置等の実施による復職可能性を考慮する必要があると考えられていることに留意が必要です。

留意点

休職規定の定め方に関し，休職制度を柔軟に活用するためには，上記のような休職事由以外にも留意すべき点があります。

第1に，休職期間の長さは，勤続年数に応じて定めることが可能です。例えば，以下のように，勤続年数の長い保育士に対しては休職期間を多く付与することが考えられます。

「私傷病休職による場合の休職期間は，勤続年数に応じ次のとおりとする。
勤続３年未満　６か月　　勤続３年以上　12か月」

第２に，メンタルヘルス不調を原因とする休職の場合，労働者が休職と復職を繰り返して当然退職となることを避けようとするケースがあり得ます。そのため，休職期間の算定に関し，以下のように，上限を設けることが考えられます。

「復職後３か月以内に，同一又は類似の事由により再び休職した場合，休職期間は復職前の休職期間と通算する。」

第３に，休職の取扱いとして，業務外の傷病による場合は，以下のように，無給であること及び勤続年数に算入しないことを明らかにしておくことが望ましいと考えられます。また，実務的にも，私傷病休職については，そのように運用されることが一般的であるといえます。

・「私傷病休職による場合の休職期間は，勤続年数に算入しないものとする。」
・「私傷病休職による場合の休職期間中は，職員としての身分は保有するが，給与を支給しないものとする。」

さらに調べるには

○　厚生労働省「改訂　心の健康問題により休業した労働者の職場復帰支援の手引き」(https://www.mhlw.go.jp/content/000561013.pdf)

○　公務員の非違行為に対する懲戒免職処分につき，「懲戒処分は，有責行為に対する法律上の制裁であるから，懲戒処分の対象となった非違行為は，当該公務員において責任能力を有している状態のもとにおいて行われたことが必要であり，行為当時，心神喪失の状態にあった者のなした行為に対しては，懲戒処分を科すことはできない」とした事案（大分県警察本部事件・大分地裁平成８年６月３日判決（判時1586号142頁））

労災手続と労災保険

当園の保育士の一人が，業務中に負傷したとして，労災保険に基づく労災保険の給付を求めています。当園は労災保険に加入していますが，仮に労働災害が発生した場合，園としてどのような手続をとる必要があるでしょうか。そもそも，労災保険とはどのような制度なのでしょうか。

Point

・労働基準監督署に対する労働者死傷病報告の提出
・労災保険の制度及び保険給付の内容や手続に関する理解
・保険給付請求書における事業主の証明の記載
・労働安全衛生管理体制の見直し及び再発防止措置の検討

回　答

保育士が労働災害によって負傷した場合，保育所としては，まずは事実関係を確認のうえ，法令の定めに従い，すみやかに労働者死傷病報告を労働基準監督署長に提出しなければなりません。

また，労働者災害補償保険（以下「労災保険」といいます。）との関係で，事業主は，労災保険給付の手続上，給付請求書に災害発生の原因や状況等の事実について必要な証明を行うこととされています。

さらに，労働災害が生じた場合は，保育所における労働安全衛生管理が十分に果たされているかという点につき今一度見直し，再発を防止するための対策の検討を行うことが求められるといえるでしょう。

以下では，労働災害が生じた場合に，保育所として果たさなければならない法令上の義務及び労災保険の制度の概要について説明します。

1　労働者死傷病報告の提出

事業者は，労働災害の発生等に関し，次の各場合に該当するときは，遅滞なく，所定の様式による報告書を所轄労働基準監督署長に提出しなければならないとされています（労働基準法施行規則57条，労働安全衛生規則97条）。ただし，労働者の休業の日数が４日に満たないときは，事業者は，１月から３月まで，４月から６月まで，７月から９月まで及び10月から12月までの期間における当該事実について，それぞれの期間における最後の月の翌月末日までに，報告書を所轄労働基準監督署長に提出すればよいとされています。

①　労働者が労働災害により，負傷，窒息又は急性中毒により死亡し又は休業したとき

②　労働者が就業中に負傷，窒息又は急性中毒により死亡し又は休業したとき

③　労働者が事業場内又はその附属建設物内で負傷，窒息又は急性中毒により死亡し又は休業したとき

④　労働者が事業の附属寄宿舎内で負傷，窒息又は急性中毒により死亡し又は休業したとき

したがって，保育所においても，このような労働災害等が発生したときは，保育士らに対しただちに報告を行うべきことを徹底し，当該事実を早期に把握できる体制を整備したうえ，労働基準監督署長に対し，定められた方式に従って労働者死傷病報告を行う必要があります。

2　労災保険

労災保険とは，業務上の事由又は通勤による労働者の負傷，疾病，障害，死亡等に対して迅速かつ公正な保護をするため，必要な保険給付を行い，あわせて，業務上の事由又は通勤により負傷し，又は疾病にかかった労働者の社会復帰の促進，当該労働者及びその遺族の援護，労働者の安全及び衛生の確保等を図ることを目的とした，事業主負担による保険制度です（労働者災害補償保険法１条）。

労災保険に基づく保険給付には以下のような種類がありますが，これらはいずれも被災者本人又はその遺族等が請求を行うこととされています。もっとも，事業主たる保育所においては，被災者らが提出すべき給付請求書の事業主証明書欄への必要な証明を求められた場合は，すみやかにその証明をし

なければなりません。

⑴　保険給付の種類

① 療養（補償）給付

医療機関における診察，薬剤又は治療材料の支給，処置，手術その他の治療等の療養について保険給付がなされます。

② 休業（補償）給付

上記療養のため労働することができず賃金が支払われない場合に，休業の４日目から，１日につき給付基礎日額の60％相当額の支給がなされます。また，休業特別支給金として，１日につき給付基礎日額の20％相当額が支給されます。

③ 障害（補償）給付

業務上の傷病が治ったが，その身体に障害が存するとき，その傷害の程度に応じて支給されます。

④ 遺族（補償）給付

業務上の死亡による場合，受給資格を有する遺族に対し，遺族補償年金又は遺族補償一時金として支給されます。

⑤ 葬祭料

業務上の死亡による場合，葬祭を行った遺族らに対して支給されます。

⑥ 介護（補償）給付

障害（補償）年金等を受給する権利を有し，常時又は随時介護を受けていることなどを要件に，当該場合に通常要する費用を考慮して支給されます。

その他，二次健康診断等給付など，必要に応じてさまざまな保険給付を受けることができることとされています。

⑵　保険給付の手続

労災保険給付は，保険給付を受けるべき被災労働者又はその遺族等の請求に基づいて行うこととされています（労働者災害補償保険法12条の８第２項）。したがって，労災保険給付を受けようとする保育士自ら，労働基準監督署等に設置されている所定の保険請求書に必要事項を記載したうえ，当該保育所を管轄する労働基準監督署長（二次健康診断等給付については所轄労働局長）に提出しなければなりません。

そのため，保険給付との関係で，保育所が主体的に請求手続を行う必要はありません。もっとも，事業主は，保険給付を受けるべき者から保険給付を受けるために必要な証明を求められたときは，すみやかに証明をしなければならないため（労働者災害補償保険法施行規則23条２項），事業主である保育所も，被災した保育士等から保険給付のために必要な証明を求められたときは，これに応じる必要があります。ただし，事業者は，保険給付請求について意見があるときは，所轄労働基準監督署長に申し出ることができるとされています（同法23条の２）。このような観点からも，労働災害の発生状況等を早期に把握することが重要といえるでしょう。

3　労働安全衛生管理体制との関係

労災保険給付が行われた場合，使用者は，同一事由についてその価額の限度で民法上の損害賠償責任を免れると解されています。しかし，反面，当該労災について，事業主に安全配慮義務違反や不法行為に基づく損害賠償請求がなされる場合，事業主は，保険給付額を超える部分につき，その責任を免れないこととなります。当該労災につき，労働安全衛生管理体制及び安全配慮義務が適正に果たされていたかの見直しが急務といえるでしょう。

4　新型コロナウイルスと労災について

厚生労働省は，新型コロナウイルスの感染と労災補償に関し，「新型コロナウイルス感染症の労災補償における取扱いについて」（基補発0428第１号令和２年４月28日，改正基補発0217第２号令和５年２月17日）を公表しています。これによれば，新型コロナウイルスに感染した場合の労災認定について，調査により感染経路が特定されない場合であっても，顧客等との近接や接触の機会が多い労働環境下での業務等，感染リスクが相対的に高いと考えられる労働環境下での業務に従事していた労働者が感染したときには，業務により感染した蓋然性が高く，業務に起因したものと認められるか否かを，個々の事案に即して適切に判断する旨が書かれています。また，合わせて，厚生労働省は，『顧客等との近接や接触の機会が多い労働環境下での業務』の例として，『育児サービス業務』を挙げており，保育士等が新型コロナウイルスに感染した場合に，感染経路が特定されない場合であっても，労災認定が認められる場合があります。

留意点

労災保険給付が行われるべき場合，使用者は，労働基準法上の補償の責任を免れます（労働基準法84条１項）。ただし，休業の３日目までは休業（補償）給付がなされないため，使用者である保育所は，通勤災害の場合を除き，休業の初日から３日目までの３日間について，労働基準法上の休業補償を行わなければならないことに留意が必要です（同法76条）。

さらに調べるには

○　厚生労働省・都道府県労働局・労働基準監督署「労災保険給付の概要」（http://www.mhlw.go.jp/new-info/kobetu/roudou/gyousei/rousai/dl/040325-12.pdf）

○　厚生労働省・都道府県労働局・労働基準監督署「労災保険　請求のできる保険給付等」（http://www.mhlw.go.jp/new-info/kobetu/roudou/gyousei/rousai/dl/091124-1.pdf）

○　「新型コロナウイルス感染症の労災補償における取扱いについて」（基補発0428第１号令和２年４月28日，改正基補発0217第２号令和５年２月17日）」

○　「新型コロナウイルスに関するQ&A（労働者の方向け）」（https://www.mhlw.go.jp/stf/seisakunitsuite/bunya/kenkou_iryou/dengue_fever_qa_00018.html）

Q56

パワーハラスメントへの対応

前園長の離職に伴い，急きょ中途採用した園長が，個性的な方で，本人に悪気はないようですが，保育士に対し，叱咤激励するために厳しい言葉をかけることがあります。保育士のなかには，園長に対して萎縮する者もおり，良い人材が当園を辞めてしまうのではないかと危惧しています。このような園長に対して，どのように対処する必要があるでしょうか。また，園内でのパワハラをなくすには，どうしたらよいでしょう。

Point

- パワーハラスメントに関する周知徹底及び教育研修
- 保育所内におけるパワーハラスメントの事実の確認
- 加害者に対する懲戒処分等の措置及び再発防止措置の検討

回　答

「パワーハラスメント」（以下「パワハラ」といいます。）とは，職場において行われる優越的な関係を背景とした言動であって，業務上必要かつ相当な範囲を超えたものによりその雇用する労働者の就業環境が害される行為をいいます（労働施策総合推進法第30条の２第１項）。

保育所内では，園長等の管理職と保育士との間で年齢に開きのあることも多く，事例のように，園長が厳しい言葉をかけた場合でなくとも，園長の単なる軽い発言が，価値観や認識の違いから，保育士にとってはパワハラと受け止められる例も多くあります。

2019年に労働施策総合推進法が改正されたことにより，事業主はパワハラ防止のために，雇用管理上必要な措置を講じなければならなくなりました。また，このような，保育所内の小さなわだかまりが，ひいては人材の流出を引き起こし，あるいは，パワハラの被害を受けたとする保育士が加害者や保育所に対して損害賠償を請求するような事態を引き起こす可能性もあります。

そこで，保育所としては，以下のようなパワハラ対策を行い，保育所の人材流出やイメージの低下を防止する必要があるといえます。また，パワハラを行う加害者に対しては，厳正に対処しなければなりません。

1　雇用管理上必要な措置の具体的内容

労働施策総合推進法の改正に伴い，厚生労働省は，「事業主が職場における優越的な関係を背景とした言動に起因する問題に関して雇用管理上講ずべき措置等についての指針」（以下「パワハラ指針」といいます。）を公表し，事業主に対し，具体的に以下のことを求めています。

⑴　事業主の方針等の明確化及びその周知・啓発

事業主は，職場におけるハラスメントの内容及び職場におけるハラスメントを行ってはならない旨の方針等を明確化し，管理監督者を含む労働者に周知・啓発することが必要です。具体的には就業規則にハラスメントの禁止や，ハラスメントを行った場合懲戒処分の対象となることを明記するほか，どのようなものがハラスメントに該当するかなどについて，研修等を行うことが想定されます。

⑵　相談・苦情に適切に対応するために必要な体制の整備

相談に対応するための体制整備としては，相談への対応のための窓口（相談窓口）をあらかじめ定め，労働者に周知するとともに，相談窓口担当者が，相談の内容や状況に応じ適切に対応できるようにすることが必要です。

相談窓口においては，被害を受けた労働者が萎縮して相談を躊躇する例もあること等も踏まえ，相談者の心身の状況や当該言動が行われた際の受け止めなどその認識にも配慮しながら，ハラスメントが現実に生じている場合だけでなく，発生のおそれがある場合や，ハラスメントに該当するか否か微妙な場合であっても，広く相談に対応することが必要とされています。

⑶　パワハラ発生後の迅速適切な対応

パワハラが発生した場合，事業主は，事実関係の迅速かつ適切な確認を行い，その上で，被害者・加害者双方に対し適正な措置を行い，再発防止に努めることが必要です。

具体的には，事業主はハラスメントが起こった疑いがある場合には，被害者，行為者，第三者に事実確認を行って事実を確定させることが必要とされています。また，ハラスメントがあったと認められた場合，被害者と行為者を引き離すための配置転換，行為者から被害者への謝罪等を行い，行為者に対しては懲戒処分や注意指導を行います。職場では改めてハラスメントの防止のための周知啓発を行うことが必要とされています。

(4)　その他併せて講ずべき措置

上記(1)～(3)に併せて，当事者等のプライバシーの保護と相談等を理由に不利益な取扱いをされない旨の定めと周知・啓発が必要です。

職場におけるハラスメントに関する相談者･行為者等の情報はその相談者・行為者等のプライバシーに属するものであることから，相談への対応又はそのハラスメントに関する事後の対応に当たっては，相談者･行為者等のプライバシーを保護するために必要な措置を講ずるとともに，その旨を労働者に対して周知することが必要とされています。

また，労働者が職場におけるハラスメントに関し，事業主に対して相談をしたことや，事実関係の確認等の事業主の雇用管理上講ずべき措置に協力したこと等を理由として，解雇その他の不利益な取扱いをされない旨を定め，労働者に周知・啓発することも必要とされています。

2　実際にパワハラ被害の申告があったら

事例のように，現にパワハラの被害の申告があった場合，保育所としては，上記１(3)のとおり，迅速適切な対応が必要です。具体的には，以下の手順で進めていくことになります。

(1)　事実関係の調査

まずは，被害を訴えた者及び加害者とされる者その他関係者から，プライバシーや秘密を厳守したうえで事情を聴き取ります。この際，先入観をもたず，中立公正に調査を実施することが重要です。この点，事実調査は事実認定に関する専門的な技術も必要であることから，事案によっては，中立公正な調査を担保するため，弁護士などの外部専門家に任せたほうがよい場合も多いといえます。

また，被害者が，加害者とされる者に対し，どのような解決を望んでいるかについても把握しておく必要があります。

⑵　パワハラの事実の確認

事実関係の調査により，パワハラの事実が確認できた場合は，その後の対処として，懲戒処分や，再発防止研修の実施等を検討することになります。これに対し，当事者の主張が食い違うなど，保育所内で解決を図ることが困難な場合は，保育所外における第三者機関を利用する方法が有効です。紛争調整委員会によるあっせん等の紛争処理システムを利用することを検討しましょう。

⑶　加害者に対する対応

パワハラの加害者に対する懲戒処分を検討する場合は，就業規則上，懲戒事由としてパワハラが明示されていることを確認したうえ，当該パワハラ行為の程度に比例した適切な懲戒処分を下す必要があります。また，その際，パワハラの加害者に対しては，十分に弁明の機会を付与するなど，適正な手続をとらなければなりません。

その他の対応としては，保育所が複数ある場合には，被害者と加害者の距離を離すために，懲戒処分とは別に，加害者を別の保育所に異動させることも検討するほか，被害者の意向を踏まえ，加害者の被害者に対する謝罪の場を設けることを検討します。また，再発防止に向けて，当該パワハラを一般的な事例として，保育所における教育研修に役立てることも考えられます。

留意点

保育所は，保育士に対し，労働契約上の信義則に基づき，快適な職場環境を整備すべき義務，すなわち職場環境配慮義務を負っています。そこで，保育所内でパワハラが起きた場合には，加害者のみならず，保育所も，使用者責任（民法715条）や，使用者自身の不法行為責任（同法709条），債務不履行責任（同法415条）等に基づき，損害賠償義務を負う可能性があるほか，労災認定されることもあります。

仮に，パワハラの被害を受けた保育士が，保育所に対して責任追及をする場合には，前記１の⑴～⑷のようなパワハラ対策を講じることにより，保育所が職場環境配慮義務を尽くしていたことを主張することになるでしょう。

法的解釈

前掲「パワハラ指針」によれば，パワハラの行為類型には，以下の六つがあると考えられています。事例のような叱咤激励についても，不必要に人前で怒鳴るような場合は，社会通念上許容される限度を超えてパワハラに該当することがあります。

①　暴行・傷害（身体的な攻撃）

②　脅迫・名誉毀損・侮辱・ひどい暴言（精神的な攻撃）

③　隔離・仲間外し・無視（人間関係からの切り離し）

④　業務上明らかに不要なことや遂行不可能なことの強制，仕事の妨害（過大な要求）

⑤　業務上の合理性なく，能力や経験とかけ離れた程度の低い仕事を命じることや仕事を与えないこと（過小な要求）

⑥　私的なことに過度に立ち入ること（個の侵害）

さらに調べるには

○　厚生労働省「あかるい職場応援団」（https://www.no-harassment.mhlw.go.jp/）

○　「事業主が職場における優越的な関係を背景とした言動に起因する問題に関して雇用管理上講ずべき措置等についての指針」（令和２年１月15日）（https://www.mhlw.go.jp/content/11900000/000584512.pdf）

Q57 マタニティーハラスメントへの対応

当園の保育士の一人が現在妊娠しているのですが，出産のための休業を請求しようとしている時期がちょうど当園の繁忙期と重なることについて，他の年長の保育士が，その保育士に対して心ない言葉をかけたようです。園としては，この年長の保育士に対し，何らかの措置を講じる必要があるでしょうか。また，マタニティーハラスメントに関して，園として行うべき対策はあるでしょうか。

Point

・マタニティーハラスメントに関する周知徹底及び教育研修
・マタニティーハラスメント防止規定の整備
・保育所内におけるマタニティーハラスメントの事実の確認
・加害者に対する懲戒処分等の措置及び再発防止措置の検討

回　答

マタニティーハラスメント（以下，「マタハラ」といいます。）とは，一般に，働く女性が妊娠・出産を理由として解雇その他不利益な取扱いを受けたり，精神的，身体的な嫌がらせを受けたりすることを意味します。

保育所は女性の多い職場環境であることもあり，それぞれの妊娠・出産に関する価値観や認識の違いから，保育士間で，本人に自覚のない心ない発言がなされ，マタハラ行為が行われているケースも少なくありません。

近年，このようなマタハラに対する規制強化の必要性が認識されるようになり，平成29年10月１日，改正「雇用の分野における男女の均等な機会及び待遇の確保等に関する法律（以下，「男女雇用機会均等法」といいます。）」及び改正「育児休業，介護休業等育児又は家族介護を行う労働者の福祉に関する法律（以下，「育児・介護休業法」といいます。）」が施行されるに至りました。

そして，これらの改正法では，事業主に対し，マタハラ対策を講じることが義務付けられています。すなわち，事業主は，従前から，妊娠・出産及び育児休業等を理由とする解雇その他の不利益取扱いを行うことが禁じられていましたが，改正法施行により，新たに，職場における他の同僚等の妊娠・出産及び育児休業等に関する言動により就業環境を害することがないよう，これを防止する措置を講じる必要があるものとされました（男女雇用機会均等法11条の２，育児・介護休業法25条）。

そこで，保育所は，早期に，改正法及び後掲の指針に従い，以下のようなマタハラ対策を講じて，就業規則等を整備する必要があります。また，マタハラ行為を行った他の保育士に対しても，厳正に対処しなければなりません。

1　マタハラ防止措置の整備

指針に従い，保育所は，以下の⑴～⑷の措置を講じ，マタハラの防止に努める必要があります。

⑴　事業主の方針の明確化及びその周知・啓発

マタハラがあってはならない旨の方針を明確にするために，以下の事項について，就業規則等の規定や文書等に記載して周知啓発しましょう。

①　妊娠・出産及び育児休業等に関するハラスメントの内容

②　妊娠・出産及び育児休業等に関する否定的な言動が職場における妊娠・出産及び育児休業等に関するハラスメントの発生の原因や背景となり得ること

③　「ハラスメントがあってはならない」旨の事業主の方針

④　妊娠・出産に関する制度及び育児休業等の制度が利用できること

⑵　相談に応じ，適切に対応するために必要な体制の整備

相談窓口を設け，担当者が，マタハラが現実に生じている場合だけでなく，発生のおそれがある場合や，マタハラに該当するか否か微妙な場合であっても，内容や状況に応じ適切に対応できるよう，体制を整備することが求められています。

⑶　マタハラにかかる事後の迅速かつ適切な対応

マタハラの相談があったときは，事実関係を迅速かつ正確に確認し，事実確認ができた場合には，速やかに被害者に対する配慮の措置を適正に行うと

ともに，行為者に対し，懲戒処分等の措置を適正に行います。

また，事実の有無にかかわらず，再発防止に向け，あらためて職場における周知徹底及び教育研修等の措置を講じなければなりません。

⑷　マタハラの原因や背景となる要因を解消するための措置

マタハラの原因や背景となる要因を解消するため，業務体制の整備など，事業主や妊娠等した労働者その他の労働者の実情に応じ，必要な措置を講じる必要があります。

2　マタハラ防止規定の整備

指針によれば，マタハラ行為を行った者については，厳正に対処する旨の方針及び対処の内容を就業規則等の文書に規定し，周知啓発することが求められています。

そこで，就業規則上，以下のような内容を盛り込んだうえ，当該禁止行為への違反を懲戒事由として明示することによって，マタハラ防止規定を整備することが考えられます。

（妊娠・出産・育児休業等に関するハラスメントの禁止）

当園の従業員は，次の各号に掲げる言動を行ってはならない。

①　部下の妊娠・出産，育児・介護に関する制度や措置の利用等に関し，解雇その他不利益な取扱いを示唆する言動

②　部下又は同僚の妊娠・出産，育児・介護に関する制度や措置の利用を阻害する言動

③　部下又は同僚が妊娠・出産，育児・介護に関する制度や措置を利用したことによる嫌がらせ等

④　部下が妊娠・出産等したことにより，解雇その他の不利益な取扱いを示唆する言動

⑤　部下又は同僚が妊娠・出産等したことに対する嫌がらせ等

3　マタハラ行為を行った者に対する対処

事例のように，現にマタハラの相談があったときは，前記のマタハラ防止措置の内容に従い，事実関係を確認したうえ，事実確認ができた場合には，行為者に対し，懲戒処分等の措置を講じ，厳正に対処することになります。また，再発防止に向けて，あらためて保育所における教育研修を実施することも考えられます。

留意点

妊娠等した保育士の側にも，制度等の利用ができるという知識や，周囲と円滑なコミュニケーションを図りながら自身の体調等に応じて適切に業務を遂行していくという意識を持ってもらい，保育所においては，他の保育士の業務量にも配慮したうえ，双方の保育士にとって働きやすい職場環境を整備することが重要です。

法的解釈

防止措置の対象となるマタハラには，①「制度等の利用への嫌がらせ型」と②「状態への嫌がらせ型」があるとされています。

事例において，例えば，年長の保育士が，「自分ならその時期に産前休業を請求しない。あなたもそうすべき。」と言い，再度請求したい旨を伝えたにもかかわらず，年長の保育士が再度同様の発言をしたことにより，休業取得をあきらめざるを得ない状況となった場合は，①のマタハラ行為に該当することになります。また，年長の保育士が，「妊娠するなら忙しい時期を避けるべきだった」というような発言を，繰り返し又は継続的に行い，就業をするうえで看過できない程度の支障が生じる状況となっている場合は，②のマタハラ行為に該当することになります。

さらに調べるには

○ 厚生労働省都道府県労働局雇用環境・均等部（室）「職場における妊娠・出産・育児休業・介護休業等に関するハラスメント対策やセクシュアルハラスメント対策は事業主の義務です !!」（https://www.mhlw.go.jp/file/06-Seisakujouhou-11900000-Koyoukintoujidoukateikyoku/0000137179.pdf）

○ 厚生労働省「事業主が職場における妊娠，出産等に関する言動に起因する問題に関して雇用管理上講ずべき措置についての指針」（平成28年厚生労働省告示312号）

○ 厚生労働省「子の養育又は家族の介護を行い，又は行うこととなる労働者の職業生活と家庭生活との両立が図られるようにするために事業主が講ずべき措置に関する指針」（平成21年厚生労働省告示509号）

経歴を詐称していた保育士への対応

前園長の離職に伴い，急きょ中途採用した園長が，特段問題なく勤務していたのですが，最近になって，前職における業務内容や保育士としての経験年数について，履歴書及び職務経歴書に虚偽の記載をしていたことが発覚しました。当園は，園長の働きぶりには一定の評価をしているものの，もはや信頼関係を継続することができないと考えています。どのように対応するべきでしょうか。

Point

・重要な経歴の詐称であることの確認
・適正な懲戒手続の履践
・懲戒解雇その他就業規則に記載のある懲戒処分の検討

回　答

経歴の詐称とは，採用にあたり，提出を義務付けられている履歴書や職務経歴書上，又は面接等において，学歴，職歴，犯罪歴などの経歴を偽ったり，これを秘匿したりすることをいいます。

保育所においても，採用候補者である園長や保育士の経歴は，当該採用候補者の採否を決定する際，その人となりや職務遂行能力を判断するための重要な考慮要素となり得ます。また，これらの経歴は，当該採用候補者がどのような形態の施設で，どのような子どもたちに接し，どのような業務を行ってきたかを示すものであることから，その職場配置や賃金などの労働条件を決定するための判断材料にもなるものと考えられます。

そのため，保育所は，当該採用候補者に対し，採否の決定に必要な範囲で自己の経歴を正しく申告することを求めることができるとされます。そして，履歴書・職務経歴書上や面接等で虚偽の申告をした園長や保育士に対しては，信頼関係の毀損を理由として，懲戒処分や懲戒解雇を行うことも可能であると考えられています。

具体的に，事例のような経歴を詐称していた園長や保育士への対応を検討するにあたっては，以下の点に留意する必要があります。

1 重要な経歴の詐称であることの確認

経歴詐称を理由とする懲戒解雇等の処分の有効性が認められるためには，重要な経歴を偽ったこと，すなわち，当該事実について，詐称されたことにより評価を誤らなければ，その者を採用しなかったであろうといえることが必要であると考えられています。

重要な経歴とは，代表的には，最終学歴や職歴をいいますが，当該詐称の内容や当該詐称者の地位，業務内容などに応じて，個別具体的に判断されるものと考えられています。

そこで，経歴詐称により懲戒解雇等の処分を行おうとする際は，まず，採用時に園長や保育士がどのような経歴を詐称し，それにより，保育所はどのような影響を受けたのかという観点から，当該経歴詐称の重大性を検討する必要があります。

例えば，事例のように，園長職に限定して採用を行っていた場合は，当該採用候補者の経験，とくに勤務年数は，園長としての信頼性を判断し，当該採用候補者の採否を決定するにあたり，大きな考慮要素となり得るものと考えられます。もっとも，後述のように，園長として採用された後，当該詐称者が長期間にわたって良好に勤務を継続していたような場合は，勤務年数を偽っていた場合であっても，これを理由とする懲戒解雇を行うには，より多角的な検討が必要とされます。

あわせて，重要な経歴に該当する事項であっても，保育所が申告を求めなかった場合にその申告を行わないことは，当該事項の詐称には該当しません。そのため，保育所指定の履歴書に記入させることで，保育所が知りたい情報を隠した場合に懲戒の対象とできるような制度を整備することも重要です。

2 適正な懲戒手続の履践

重大な経歴詐称が認められると考えられる場合には，次に，当該経歴詐称を行った者に対して弁明の機会を付与するなど，就業規則等に定められた懲戒手続を適正に履践する必要があります。

弁明の機会を付与し，当該経歴詐称を行ったとされる者の言い分を聴き取ることで，事情が十分に明らかになり，当該経歴詐称がその者との間の信頼関係を毀損するには至らないと考えられる場合もあり得ることから，かかる手続の履践は重要であるといえるでしょう。

3　経歴詐称を理由とする懲戒処分の検討

重大な経歴の詐称を理由として懲戒処分を行うことが相当であると認められる場合は，当該詐称行為の程度に応じ，就業規則に記載のある処分を選択することになります。

実務上は，就業規則において，「重要な経歴を偽り，その他不正な方法を用いて採用されたとき」を懲戒事由とし，懲戒解雇に処する旨を定めている例が多くあります。

留意点

1　採用時における採用条件の明示及びその運用

園長や保育士等が，採用にあたり，安易に経歴を詐称することがないよう，採用候補者の採否を決定するうえで重要な経歴につき採用条件として明示したうえで，これらの経歴に偽りがないことを保証させることが望ましいと考えられます。このような採用条件の明示は，当該条件に関する経歴が詐称された場合に，重要な経歴の詐称に該当することを主張するためにも有用です。

もっとも，経歴詐称を理由とする懲戒処分の有効性の判断において，重要な経歴詐称該当性を検討する際は，実際にどのような運用がなされていたのかという点も考慮されていることに留意が必要です。

そこで，ある経歴が採用条件として明示されていた場合であっても，実際の運用において，当該経歴が重視されず，当該経歴を満たさない者であっても採用されていた場合は，当該経歴は重要な経歴に該当しないと判断される可能性があります。例えば，園長職の採用にあたり，「保育士としての実務経験が10年以上であること」を採用条件として明示している場合であっても，実際は，慣行として7～8年の実務経験しか有しない者であっても採用していた場合には，経験年数10年という経歴の重要性に疑念を生じ得るものと考えられます。

そのため，明示した採用条件に従い，実際の採用を行うことが望ましいと考えられます。

2　経歴詐称の発覚の時期に応じた対応の違い

園長や保育士の経歴詐称が，その者の採用内定後入社前，又は入社後試用期間満了前に発覚したときは，内定取消事由（⇒Q48）又は本採用拒否事由（⇒Q51）に該当することを理由に，留保解約権を行使して労働契約を終了させることができると考えられています。

他方，本問のように，園長等の経歴詐称が，入社してしばらくの間勤務を継続した後に問題となったときは，かかる経歴詐称が，当該園長等の実際に勤務していた期間の職務遂行能力に影響を与えていたかについても，考慮しなければなりません。長期間勤務継続後に経歴詐称を理由とする懲戒解雇を行うには，より慎重な判断が求められるものと考えられます。

■ さらに調べるには

○　履歴書の職務欄に事実と異なる記載をしたことについて，「即時解雇事由としての『採用に関し提出する書類に重大な虚偽の申告があったとき』というのは，それが，今後の雇用契約の継続を不可能とする程に，被告との信頼関係を大きく破壊するに足る重大な経歴を詐称した場合に限られるというべき」として，「客観的には一部事実と異なる経歴を記載していたにせよ，それが意図的な虚偽記載であったと認めるには足りないし，……その記述が，原告の採否を決定するための重大な要素となったと認めることも困難であることを考えると，かかる虚偽供述が，当事者間の今後の雇用契約の継続を不可能とする程に被告との信頼関係を破壊するに足る，重大な経歴詐称であると認めることはできない」として，経歴詐称を理由とする解雇は認められないとした事例（学校法人Ｄ学園事件・さいたま地裁平成29年４月６日判決（労判1176号27頁）及び東京高裁判決平成29年10月18日（労判1176号18頁））

Q59 職務遂行の不適切な保育士への対応

保育士の一人について，以前から，協調性が不足しており，保育士間での報告や連絡ができないことや，保護者とのコミュニケーションがうまくとれないことが指摘されていたのですが，最近になって，子どもたちの連絡帳の記入を怠るときがあったことや，子どもたちに暴言を吐くことがあったことが発覚しました。もともと保護者との間で信頼関係を築けていなかったため，保護者からも非難の声が上がっています。このような保育士に対し，どう対応すべきでしょうか。

Point

・書面を用いた注意・指導や，警告により，改善を要求
・懲戒処分や自宅待機命令の検討
・解雇の検討及び退職勧奨の利用

回　答

事例のように，保育士が，他の保育士や園長に対する報告を適切に行えない場合や，保護者と意思疎通を図り信頼関係を構築することが困難である場合，一般に，保育士としての職務の遂行が不適切であるといわざるを得ません。

このような保育士の不適切な職務遂行により，保護者の保育所全体に対する信用が毀損されるおそれがあるため，保育所は，当該保育士に対し，適切に対処する必要があるといえます。

もっとも，当該保育士を解雇しようとする場合は，解雇権濫用法理（労働契約法16条）の適用があるため，解雇をすることにつき客観的に合理的な理由があり，社会通念上相当であると認められなければ，当該解雇は無効とさ

れるため，慎重な判断が必要とされます。

そこで，職務遂行の不適切な保育士に対する解雇その他の対応につき，以下のような点に留意して検討する必要があります。

1　注意・指導

事例のように，他の保育士や保護者との間で円滑なコミュニケーションがとれない保育士に対しては，そのような事象が発生する都度，注意を呼びかける必要があります。

これは，日常的な小さなトラブルが，保育所に影響を及ぼすような大きなトラブルに発展することを防ぐという目的に加え，保育所が職務遂行の不適切な保育士に対し，改善の機会を十分に与えていたという事実を積み重ねることを目的とするものです。

また，保育士が子どもたちの連絡帳の記入を怠ったという事実は，当該保育所において保育士に求められる日課を遂行しなかったということであり，服務規律違反にあたるものと考えられます。

このような事実についても，当該事実が発覚するたびに，当該保育士に対し，注意書や指導書等の書面によって注意・指導を行い，改善を求めることが必要です。また，後述のとおり，場合によっては，懲戒処分を検討することもできるため，警告書等を用い，懲戒処分が課される可能性があることを警告することが考えられます。

2　懲戒処分及び自宅待機命令

⑴　連絡不足・連絡帳の記入の怠慢

連絡不足や連絡帳の記入の怠慢について，就業規則等において服務規律として位置づけられている場合は，当該服務規律違反は，就業規則上，懲戒事由に該当する例が多いと考えられます。

その場合，注意や指導を繰り返しても当該保育士に改善が認められないときは，当該服務規律違反の程度に応じ，就業規則に記載のある懲戒処分をすることを検討することになります。

⑵　子どもたちへの暴言

保育士が子どもたちに暴言を吐いてはならないことは，保育士に職務上当然に要求される事項であると考えられるところ，子どもたちへの暴言が事実であるとすれば，子どもたちの発達に対するその影響は計り知れず，懲戒処分の対象にもなり得ます。

このような場合，保育所としてはその事実の真偽を早急に確認しなければなりません。そして，事実の真偽や懲戒処分の当否を調査する間，当該保育士を業務に従事させることに支障があると認められるときは，自宅待機命令を発することも考えられます。

自宅待機命令とは，一般に，労働者を処分するか否かを決定するまでの間や，労働者を業務に従事させるのが不適当な場合に，一時的に就業を禁止する措置であるとされます。自宅待機命令は，あくまで使用者の業務命令として行われるため，通常は，その期間についても賃金を支払わなければなりません。

この点で，通常，期間中の賃金が支給されないこととなる懲戒処分たる出勤停止処分とは異なるため，注意が必要です。

3　解雇及び退職勧奨

保育士の職務遂行が不適切であると認められる場合でも，有効に解雇を行うことができるのは，後述の裁判例のように，それにより保育所の経営・運営に支障を生じるおそれがあり，かつ，改善の見込みがないような場合に限られると考えられています。したがって，当該保育士に対し，解雇を行おうとする際は，慎重な検討を要することに留意しなければなりません。

解雇を行わなくとも，当該保育士において合意退職する可能性がある場合は，退職勧奨を利用することが検討できます。

退職勧奨とは，退職を促す行為であるとされ，解雇に比して，退職金等の条件面で労働者に有利な退職条件が提示される例が多くあります。もっとも，退職勧奨にも限度があり，労働者の自由な意思を侵害するような態様で退職勧奨が行われた場合は，不法行為（民法709条）が成立する可能性があります。

そのため，退職勧奨を利用する際は，当該保育士の自由意思を尊重する形で行うことが重要です。

退職勧奨により合意退職に至ったときは，後日の紛争を避けるため，退職合意書を締結し，退職日や退職金の支払等の退職条件及び秘密保持義務などを明らかにしておくことが望ましいでしょう。

留意点

保育士の不適切な職務遂行を理由とする解雇を検討する場合，解雇事由が認められても，労働基準法19条１項により解雇が制限され得ることに留意が必要です。

すなわち，同項は，労働者が業務上負傷し，又は疾病にかかり療養のために休業する期間及び産前産後休業中の期間とその後30日間は，原則として解雇してはならない旨を定めています。

したがって，例えば，事例において，当該保育士が妊婦で現在産前休業を取得している場合は，原則として，上記解雇制限期間中の解雇が禁止されることになります。

法的解釈

不適切な職務遂行を理由とする解雇の有効性の判断にあたっては，エース損害保険事件（東京地裁平成13年８月10日決定（判時1808号129頁））で，以下のように判断要素が指摘されたうえ，勤務成績・勤務態度の不良を理由とする解雇の効力が否定されたことが参考になります。

「長期雇用システム下で定年まで勤務を続けていくことを前提として長期にわたり勤続してきた正規従業員を勤務成績・勤務態度の不良を理由として解雇する場合は，労働者に不利益が大きいこと，それまで長期間勤務を継続してきたという実績に照らして，それが単なる成績不良ではなく，企業経営や運営に現に支障・損害を生じ又は重大な損害を生じる恐れがあり，企業から排除しなければならない程度に至っていることを要し，かつ，その他，是正のため注意し反省を促したにもかかわらず，改善されないなど今後の改善の見込みもないこと，使用者の不当な人事により労働者の反発を招いたなどの労働者に宥恕すべき事情がないこと，配転や降格ができない企業事情があることなども考慮して濫用の有無を判断すべきである。」

したがって，解雇を行おうとする際は，これらの判断要素に照らし，個別具体的に検討することが必要です。

感染症等により休園した場合の給与等

感染症対策を行っていたにもかかわらず，保育施設で園児の半数以上が新型コロナウイルスに感染したため，１週間の休園を決め，その間職員も感染の有無にかかわらず全員出勤させませんでした。このような保育所に責任がないと思われる休園の場合も，１週間分の職員の給与は支払わなければならないのでしょうか。

Point

- 感染症の場合，症状の有無でも取扱いが異なる
- 保育所に「落ち度」がない休業でも休業手当として平均賃金の６割を支払わなければならない場合がある

回　答

2020年，新型コロナウイルスの蔓延により，政府が緊急事態宣言を発出し，対象区域の幼稚園や保育所の多くが休園しました。今後も，新型コロナウイルスだけではなく，他の感染症の流行や台風・大雪などの自然災害により，休園やクラス閉鎖を検討しなければならない場合があります。その際，保育所の指示として，出勤が可能な職員についても出勤させないことがありますが，出勤させなかった期間の給与の取扱いが問題となります。特に感染症の流行の場合，感染して症状があるかによっても取扱いが異なるため，留意が必要です。

1　症状がある職員について

感染症等に罹患し，発熱等の症状があって業務ができない職員については，保育所の病気休暇制度に従った取扱いをすればよく，病気休暇が無給である場合，給与を支払う必要はありません。健康保険の加入者で，病気休暇が3

日を超えた場合は，傷病手当金の支給対象となります。職員としては，保育所からの給与は無給であっても，一定額の手当が健康保険から支給されることになり，生活保障が図られています。傷病手当金の申請に関する詳細は，加入する健康保険組合にお問い合わせください。また，労災申請ができる場合もあります（詳細はQ55参照）。

2　濃厚接触者や無症状者について

職員が濃厚接触者になった場合や，新型コロナウイルスの場合，検査をして感染していることが判明しても，特段症状がない場合があります。これらの場合，他の職員や園児への感染を防ぐため，保育所の指示で出勤させないことが一般的です。しかし，濃厚接触者や無症状者は，症状がある場合と異なり，体調面から勤務ができないわけではありません。例えば，在宅勤務が可能な職員などについては，在宅勤務をすることにより，賃金を得られることになります。保育士の場合，業務の性質上，在宅勤務にすることは難しいため，感染防止を理由に出勤させない場合，保育所は，職員に対し，休業手当として平均賃金の６割を支給する必要があります。

3　感染症の蔓延により臨時休園とし，職員を休業させた場合

園内で感染症が蔓延し，臨時休園としてやむを得ず職員も休業させた場合，上記１のとおり症状がある者については，病気休暇として取り扱うことになります。それ以外の者については，上記２の濃厚接触者や無症状者と同様，平均賃金の６割を支給する必要があります。

4　自然災害が発生した場合

台風，地震，大雪などが見込まれる場合，最近では鉄道等の公共交通機関が事前に運休を決めることも増えました。園児，保護者，職員の安全確保の観点から，自然災害が見込まれて臨時閉園をする場合であっても，上記２と同様に，休業手当の支給が必要となります。

自然災害により，保育所の施設・設備が直接の被害を受け，休業する場合，その被害が通常の経営者として最大の注意を尽くしてもなお避けることのできない事故である場合には，休業したとしても休業手当の支給は不要です。「通常の経営者として最大の注意を尽くしてもなお避けることのできない事故（不可抗力）である場合」ですので，台風等により保育所の施設が損傷し，施設の利用が不可になった場合であっても，定期的なメンテナンスで損傷が

防げた場合には，不可抗力には該当しないことになります。

また，支給が不要の場合であっても，職員のために任意に休業手当を支払うことは禁じられておらず，この場合も■留意点に記載のとおり，助成金の対象となる場合があります。

■ 留意点

休業手当は，正社員だけではなく，パート職員，有期労働職員，派遣職員なども対象です。

また，休業手当を支給した場合，雇用調整助成金を受け取れる場合があります。子どもがいる職員が，新型コロナウイルス感染症により通っている保育所・小学校が休業となった結果，勤務ができないときも，休業手当を支給した場合に雇用調整助成金の対象となる場合があります。ただし，今後の新型コロナウイルスの蔓延状況によっては，取扱いが変わる可能性がありますので，必ずハローワークなどにお尋ねください。

■ 法的解説

1　労基法26条の休業手当と民法536条２項の危険負担の関係

(1)　休業手当とは

労働基準法26条は「使用者の責に帰すべき事由による休業の場合においては，使用者は，休業期間中当該労働者に，その平均賃金の100分の60以上の手当を支払わなければならない。」と定めており，これを休業手当といいます。

労働基準法26条の「休業」とは，労働者が労働契約に従って労働の用意をなし，しかも労働の意思をもっているにもかかわらず，その給付の実現が拒否され，又は不可能となった場合を指します。休業手当の趣旨は，労働者に労働する意思も能力もあるにもかかわらず，使用者側の事情によって休業が発生した場合，平均賃金の６割を保障することによって，労働者の生活を保護することにあります。

(2)　民法536条２項の危険負担

休業手当と似たものとして，民法536条２項は「債権者の責めに帰すべき事由によって債務を履行することができなくなったときは，債権者は，反対給付の履行を拒むことができない。」と定めています。これを労働契約にあてはめると，使用者（＝給与支払の債権者）の責めに帰すべき事由により，労務が提供できない（＝債務を履行することができない）ときは，使用者は給与の全額を支払わなければならないということになります。

(3)　労働基準法26条の休業手当と民法536条２項の危険負担の関係

民法536条２項は当事者間の契約によって，適用を排除することができます（これを「任意規定」といいます。）。それに対し，労働基準法26条の休業手当は，当事者間の契約によっても適用を排除することはできません（これを「強行規定」といいます。）。

また，労働基準法26条は「使用者の責めに帰すべき事由」，民法536条２項は「債権者の責めに帰すべき事由」と書かれていますが，民法の場合は債権者に故意過失，端的に言えば「落ち度」がある場合を指すのに対し，休業手当の場合の「責めに帰すべき事由」は民法の場合よりも広く，使用者側に起因する経営，管理上の障害を含むとされています（ノース・ウエスト航空事件・最高裁昭和62年７月17日判決民集41巻５号1283頁）。

2　感染症の流行は労基法26条の「使用者の責めに帰すべき事由」に当たるか

労働基準法26条の「使用者の責めに帰すべき事由」は不可抗力の場合は該当しないとされています。しかし，この「不可抗力」の範囲は非常に狭く考えられており，①その原因が事業の外部より発生した事故であること，②事業主が通常の経営者として最大の注意を尽くしてもなお避けることのできない事故であることの２つの要件を満たすものでなければならないと解されています。そのため，単に感染症が流行したというだけでは不可抗力には該当しないと考えられています。さらに，今後新型コロナウイルスの感染症法上の分類が変更された場合などは，休園による閉園は，民法536条２項の「債権者の責めに帰すべき事由」に該当するとされ，賃金を100％支払わなければならない可能性もあります。

さらに調べるには

○　厚生労働省「新型コロナウイルスに関するＱ＆Ａ（企業の方向け）」

○　厚生労働省「自然災害時の事業運営における労働基準法や労働契約法の取扱いなどに関するＱ＆Ａ」（令和３年７月15日）

著 者 紹 介

岩月　泰頼（いわつき　やすより）　担当：序章，Ｑ４・５・７～16・18・19・21～25・28～30，保育コラム

早稲田大学理工学部応用物理学科卒業後，2005年検事任官。その後東京地検，横浜地検，福岡地検などに配属。2013年弁護士登録。松田綜合法律事務所において，保育所・幼稚園事業関連法務チームのチームリーダーを務める。保育・幼稚園を取り巻く法律問題全般のほか，検事として園内／学校内事故を捜査した経験を生かし，施設事故対応や事故調査・監査などの安全管理，園内コンプライアンスの構築などの造詣も深い。

菅原　清暁（すがわら　きよあき）　担当：序章，第１章，Ｑ１～３・６・32・33・35・37～39・41～46

立教大学文学部心理学科卒業。松田綜合法律事務所において保育所・幼稚園事業関連法務及びスクール・教育関連事業法務チームのチームリーダーを務める。多数の保育園事業者・教育事業者をクライアントにもち，保育所・幼稚園を取り巻く法律問題（設立，近隣問題，事業承継，M&A，労働問題など）を幅広く手掛けている。保育所・幼稚園事業者向けセミナーも多数開催。

田中　裕可（たなか　ゆうか）　担当：Q31・40・47～59，第２章，第３章

早稲田大学法学部卒業。慶應義塾大学大学院法務研究科修了。松田綜合法律事務所内の保育所・幼稚園事業関連法務及びスクール・教育事業関連法務を兼務し，乳幼児や児童に関わる業界特性に応じた的確なアドバイスの提供のため，日々研鑽を積んでいる。その他，企業法務を中心に，労務，情報管理，不動産管理等，様々な法律問題を取り扱っている。

山下　正晃（やました　まさあき）　担当：Q17～20・25～28・34

東京大学法学部卒業。東京大学大学院法学政治学研究科法曹養成専攻修了。主に企業法務を中心としつつ，個人を依頼者とする貸金返還請求といった一般民事から相続に至るまで，幅広い業務分野を取り扱っている。日常的な取引や契約に関する相談を中心に，不動産取引・管理をめぐる問題，労務問題，M&Aにおけるデューデリジェンスから訴訟まで，様々な問題に取り組んでいる。

鈴木　みなみ（すずき　みなみ）　担当：第5章

東京大学文学部卒業。東京大学法科大学院修了。2011年弁護士登録。都内法律事務所勤務後，厚生労働省中央労働委員会事務局訟務官着任（2017年～2020年），松田綜合法律事務所入所（2020年～）。専門は人事労務全般，集団的労使関係，保育関連法務。著書として「不当労働行為法　判例・命令にみる認定基準」（第一法規，共著），「労働事件における慰謝料」（経営書院，共著）他多数。

林　美桜（はやし　みおう）　担当：Q40～49

慶応義塾大学法学部卒業。慶応義塾大学法科大学院法務研究科修了。企業法務，一般民事事件，刑事事件などを取り扱い，労務案件としては，労働訴訟，団体交渉，就業規則の改定等，労働案件等も担当。

堀川　理紗（ほりかわ　りさ）　担当：第2章，第3章

中央大学法学部法律学科卒業。2022年弁護士登録。同年4月に松田綜合法律事務所に入所し，企業法務を中心として，日常的に生じる取引や契約に関する法律相談に取り組んでいる。また，企業法務のほか，訴訟案件，一般民事，相続問題等，様々な法律問題を取り扱っている。

渡邊　雄太（わたなべ　ゆうた）　担当：第4章

東京大学法学部卒業。東京大学法科大学院中退（司法試験合格のため）。2022年弁護士登録。同年4月に松田綜合法律事務所に入所し，企業の日常的に生じる取引に関する法律相談等の予防法務から訴訟，倒産等の臨床法務まで幅広い案件を扱っている。その他，不動産取引関係，コーポレート（M&A，組織再編等），事業再生・倒産処理を中心に日々研鑽を積んでいる。

改訂
Q&A　保育所・幼稚園のための法律相談所
―現場からの60の相談に、顧問弁護士がわかりやすく答えました―

2018年4月26日　初版発行
2023年8月24日　改訂版発行

編著者　岩月泰頼
　　　　菅原清暁

発行者　和田　裕

発行所　日本加除出版株式会社
本　社　郵便番号 171-8516
東京都豊島区南長崎3丁目16番6号

組版 ㈱粂川印刷 ／ 印刷 ㈱精興社 ／ 製本 藤田製本㈱

定価はカバー等に表示してあります。
落丁本・乱丁本は当社にてお取替えいたします。
お問合せの他、ご意見・感想等がございましたら、下記までお知らせください。

〒171-8516
東京都豊島区南長崎3丁目16番6号
日本加除出版株式会社　営業企画課
電話　03-3953-5642
FAX　03-3953-2061
e-mail　toiawase@kajo.co.jp
URL　www.kajo.co.jp

ISBN978-4-8178-4902-1